Rolf Friedrich Schuett

Eine Ameise mit Bienenfleiß hat eine Meise

Ausgewählt dumme Sprüche

Rolf Friedrich Schuett

Eine Ameise mit Bienenfleiß hat eine Meise

Ausgewählt dumme Sprüche

Books on Demand

Bibliographische Information Der Deutschen Bibliothek:
Die Deutsche Bibliothek verzeichnet diese Publikation in der
Deutschen Nationalbibliographie; detaillierte bibliographische Daten
sind im Internet abrufbar über http://dnb.ddb.de

Herstellung und Verlag :
BoD – Books on Demand, Norderstedt

Printed in Germany

ISBN 978-3-7526-8630-2

Für Elke

Einzelgänger aller Länder, vereinigt euch nicht gegen Vereinsmeier!

Wer Ordnung schafft, bringt das Durcheinander ganz durcheinander.

Wissen ist Macht: Wissenschaften sind eine Sache der Herrschaften.

2000 Jahre von Sokrates bis Descartes : Ich denke besser, also bin ich besser.

Wer seinen geraden Weg geht, verfehlt leicht des Lebens Labyrinth.

Lieber graue Theorie in grauen Zellen
als blaue Bohnen und blutrote Praxis.

Vernünftig werden die meisten Menschen nur aus völlig verrückten Motiven.

Wer nach dem Liebespartner ganz verrückt ist,
sieht im Kondom nur eine Gummizelle.

Ihr tut mir Gutes. Zur Strafe müsst ihr mich lieben.

Nur die Überzeugten überzeugen, egal von was.

Gut behandeln wir allein, die noch weglaufen können.

Das Sonnensystem ist der schärfste Gegner aller Gesellschaftssysteme.

Wer nichts als nur Praktiker ist, ist nicht einmal das.
Wirf dir bitte mein schlechtes Gewissen vor!

Am lebenden Feind kannst du oft leiden, am toten dich nur einmal freuen.

Glücklich über fremdes Glück ist meist nur der Glücksbringer.

Ich liebe und bewundere dich – und mich dafür noch viel mehr.

Wer vor Irrtümern bewahren will, warnt vor der Wahrheit.

Jeder Begriff von der Welt abstrahiert nur von ihrer Unbegreiflichkeit.

Auf das Licht der Welt fällt der Schatten der Bevölkerungspolitiker.

Pechvögel heißen gewöhnlich auch Friedenstauben.

Klügere Eulen suchen den Ausweg aus Athen.

Deutsche sind selten in der guten Verfassung, die sie haben.

Wer sich mit selbständigen Leuten identifiziert,
wird gegen sie selbständig.

Manche können sich nur entwickeln, indem sie andere einwickeln.

Manche Entwicklung ist geduldiges Auswickeln von Danaergeschenken.

Wer Analysen haßt, hat sie zu fürchten, sagen Analytiker.

Einsteins Paradox: Wer die Lichtgeschwindigkeit erreichte,
bliebe stehen, aber wer stillsteht, bewegt sich deshalb nicht
mit Höchstgeschwindigkeit.

Manches Laster gesteht sich nur, um sein Ausmaß zu verbergen.

Das Volk darf reden, was es will, Hauptsache, es hat nichts zu sagen.

Du kompromittierst den, dessen Bekanntschaft dich aufwerten soll.

Die Gesellschaft schwatzt, das Individuum schreibt.

Man erkämpft sich die Freiheit, von seinen Trieben getrieben zu werden.

Mach dir nicht vor, dass du keinem was vormachst!

Warum beeindruckt immer, wer sich nie beeindrucken lässt?

Wittgenstein behandelt Probleme
wie ein Arzt seine chronischen Patienten.

Christentum. Gott wurde Mensch. Nicht der Mensch.

Phällt ein Wasserhahn ab, entsteht kein Wasserhuhn.

Wer das Fleisch nimmt, lässt dir meist die Knochen und nicht den Geist.

Man kämpft für die Freiheit, also für die Autokratie der faulsten Launen.

Reue ist der ehrliche Schwur, beim nächsten Mal geschickter vorzugehen.

Was deine Theorien widerlegt, nennst du bloße Theorie, und was meine Theorien widerlegt, nennen deine Theorien nackte Tatsache.

Geist und Gewalt sind solange Todfeinde,
bis der Geist der Macht über die Macht des Geistes kommt.

Was immer war, ist seiner Zeit immer besonders weit voraus.

Die Welt zu gestalten, ist die sicherste Form,
sie nicht zu sehen, wie sie ist.

Der Staat, der freien Wettbewerb fördert, verletzt schon das Laisser faire.

Betrachtet Gott unsere Pläne als jene Zufälle,
die wir in seiner Vorsehung sehen?

Dass alles kontextabhängig ist, soll selber kontextunabhängig sein?

Wahre Mündigkeit äußert sich schriftlich.

Schurken werden für Verdienste bestraft
wie Heilige für Vergehen belohnt

Das Leben wirkt umso kürzer, je länger man lebt.

Nur Irre sind unbeirrbar.

Alchemie? Nur Goldsucher finden Porzellan und Schießpulver.

Stubenhocker kommen oft viel weiter als Weltreisende.

Schenkst du mir mehr als nur Gehorsam, unterwirfst du dich leichter.

„Keiner versteht mich", prahlen die Jungen und jammern die Alten.

„Multikulti" gipfelt in der Kenntnis der fremdesten Kultur – der eigenen.

Schreibtische sind allen Straßenbarrikaden elfenbeinturmhoch überlegen.

Wer keine Gedanken hat, macht sich auch darüber keine.

Begriffen und Gefühlen ist gemeinsam,
sie sind schreckliche Vereinfacher.

Gefühle sind das beliebteste Alibi der Gedankenlosen – und umgekehrt.

Der Idealismus landete auf der Flucht vor Materialisten beim Spiritismus.

Geist ist seit langem ein Fremdwort für einen Fremdkörper.

Entweder bist du Paranoiker oder siehst überall nur absurde Zufälle.

Der Geizige lobt Leute, um sie nicht beschenken zu müssen,
der Ehrgeizige beschenkt sie, um sie nicht loben zu müssen.

Neider und Hasser ersetzen die beste Selbsterkenntnis.

Uneigennützigkeit ist die Objektivität der Praktiker,
Sachlichkeit ist die Selbstlosigkeit der Theoretiker.

Klein ist, wer sich vor Größeren nicht klein
und vor Kleineren nicht groß sehen kann.

Es ist unvernünftig, die Ratio überall oder nirgends zu wünschen.

Keiner tut mir Gutes, weil ich gut bin;
jeder nennt mich gut, der mir Gutes tut.

Unter jede Hölle lässt sich noch eine darunter schieben.

Das Schlechte ist nicht einmal gut für die Schlechten.

Was verkommt, das vergeht nicht gleich.

Wer sich einfach gehen lässt, lässt noch keinen Gefangenen frei.

Wer noch zu Lebzeiten ein Klassiker werden will, schreibe nur
die Sentenzen, zu denen alle Meisterwerke schließlich werden.

Lastenausgleichsgesetz. Begnadigungen finden wir ungerecht und bloße
Gerechtigkeit ein hartes Schicksal und Schicksal als Zufallstreffer.

Erwachsene einigen sich, Kindsköpfe verein-igen sich.

Für dich gewinnen kannst du nur die, von denen du dich besiegen lässt.

Frei wirkt jeder, der nicht aus zu großer Nähe
oder zu weiter Ferne betrachtet wird.

Manch dickes Fell ist eine altgewordene Gänsehaut.

Der Tod schließt dir nur die Augen, die erst das Alter dir öffnet.

Im Krieg sehen Optimisten nur das *slum clearing,*
Pessimisten den einzigen Weg zum *slum clearing.*

Kapitalismus und Sozialismus scheiterten beim Versuch,
das Proletariat mit der Diktatur des Industrialismus zu versöhnen.

Gutes tut man ebenso oft aus Eigennutz wie Böses aus Nächstenliebe.

Ein Reicher weiß nie, dass er reich genug ist;
ein Geistreicher weiß, dass er nie geistreich genug ist.

Die Kritiker werfen einem Autor selten vor,
dass er ebenso schlecht schreibt wie sie.

Frei zu bleiben heißt, so unentschlossen *nach* wie *vor* der Tat zu sein.

Nur Zerstörtes zerstört. Wer hat angefangen?

Hänge einer Theorie an, doch nie ihren Anhängern.

Experimentiert die Evolution mit denen,
die gentechnische Experimente anstellen?

Die freiheitsdurstigen Leute bezwingen irgendwann auch den Zwang,
der nackten Wahrheit beizupflichten.

Frei fühlt sich, wer sich selbst für die Übermacht hält, die ihn bewegt.

Wer nicht öffentlich redet, kann offen reden.

Ein Wissen, das sozial nutzen soll, instrumentalisiert seine Benutzer.

Jeder stand seinem Tod noch nie so nah
(und seiner Geburt so fern) wie jetzt.

„Eigentum ist Diebstahl" am Schöpfer, nicht am Armen, und jeder Besitz
ist so ungerecht, dass uns die ständige Angst um ihn ganz gerecht erscheint.

Jeder handelt, wie er behandelt wurde, und tut nur, was man ihm antat.

Verschleierung wird heute als Enthüllung verschleiert, und dass wir uns
nichts aufschwatzen lassen, wird uns erfolgreich aufgeschwatzt.

Nie vergisst du, was ich dir nahm; nie vergesse ich, was ich dir gab.

Mancher tut dir Gutes, um dich ungestrafter verachten zu können.

Mancher verfaßt schlechte Werke, um keine guten Werke zu tun.

Es herrscht Krieg oder Frieden, aber immer über Menschen.

Realismus macht Realität überflüssig.

Du lobst mich? Dafür lobst du dich
und erwartest auch noch mein Lob.

Frage dich immer: Worauf antworten die Fragen,
und wonach fragen die Antworten?

Die Furcht ergreift dich, du ergreifst die Flucht, und was begreifst du?

An Unterdrückten wird meist nicht nur ihr Gutes unterdrückt.

Jeder ist meines eigenen Glückes Schmied.
(Und das ist meines Schmiedes Glück.)

Mit welchen Kunstgriffen bringt ein Kunstwerk das Kunststück fertig,
uns zu *erheben,* indem es uns *überwältigt* (oder auch umhaut)?

Kant 2000: In der Jugendzeit gibt es manche Dinge für dich,
auf dem Altenteil nur noch *Dinge an sich.*

Wer nicht ewig lebt, lebt nie.

Gefährliche Bücher werden nicht mehr unter lautem Johlen verbrannt,
sondern nur noch unter lauter Schund begraben.

Kunstwerke sind *auch* Waren, Kunstgewerbe *nur* Waren.

Du brauchst nicht nur Leute, dir fehlt vor allem, dass du jemandem fehlst.

Ein Buch verkauft sich so gut wie sein Autor.

Psychologie ist ein Versuch, die menschliche Seele zu umgehen.

Man kämpft für die *Menschenrechte*
auf Widerstand gegen Gottes Gesetz.

Wahrheit ist die einzige Tyrannei, die den Beherrschten frei macht.

Flora und Fauna. Wenn wir nicht nur vegetieren, sind wir Bestien.

Ein Christ erwartet vom Tod mehr, als das Leben geben kann.

Der Gute erspart sich die Strafangst, der Böse den Triebverzicht.

Die Zukunft ist ungewisser als ein Jenseits.

Freiheit ist so viel wert wie das, wofür man sie opfert.

Ist der Himmel unser Fundament, dann stehen wir ständig Kopf.

Der Klatsch über Mitmenschen macht sie genießbarer.

Nur wer erschöpft am Wegrand liegt, redet vom Fortschritt.

Wer nicht ganz ins Schwimmen kommt, geht ganz unter.

Das Kreuz, das ich nicht tragen muss, drückt dich mehr als dein eigenes.

Jeder will heute *ganz er selbst* sein, Hauptsache nichts Geistiges.

Manche Rebellen haben nur keinen gefunden, der es wert gewesen wäre, ihm treu zu dienen.

Fast jeder ist auf seine unverwechselbar eigene Art Konformist.

Wer Künste und Wissenschaften ruinieren will, gibt ihnen Gelder.

Das Beste in uns existiert in Büchern, und dort ist es besser aufgehoben.

Du erinnerst dich an Vergangenes. Du vergisst Unvergängliches.

Tiefsinn – beredetes Schweigen.

Heute werden interessante Perversionen genauso vorgetäuscht
wie früher nur glänzende Tugenden.

Orte der Verwüstung ähneln am wenigsten einer wirklichen Wüste.

Nichts ist langweiliger als Leute, die einfach nur tun, was sie wollen.

Die Welt richtet sich nach den Nachrichten über die Welt.

Wer mich nicht versteht, sperrt mich aus;
wer mich versteht, sperrt mich in Schubladen.

Wer mir ins Gewissen schweigt, spricht mir aus dem Herzen.

Sklaventreiber befürworten Abtreibungen und Kinderkrippen zugleich:
Man fürchtet zu viele ebenso wie zu wenige Knechte.

Man kann sein Bestes tun, ohne die Welt zu verändern,
und die Welt verbessern, ohne Gutes zu tun.

Mancher wird nur größer, um sich tiefer verneigen zu können.

Sogar das Naturrecht ist heute natürlich zurechtgemacht.

Traue weniger deinen Augen als deiner Blindheit (alles zu)!

Wir rennen in unser Verderben und retten uns vor Mückenstichen.

Gibt es Selbstbehauptung ohne Enthauptungen?

Man beschuldigt mich, immer noch unschuldig zu sein.

Auch zur Verschlossenheit gehört ein Entschluss.

Wer erobert werden will, sucht keine Niederlage.

Die tiefste Überzeugungskraft liegt in der höchsten Zeugungskraft.

Finde dich selbst, ja, aber nur dort, wo Gott dich auch sucht.

Unsere Zielpunkte verdecken die Schlusspunkte hinter ihnen.

Dass ich dich so sehr enttäuscht habe, verzeihe ich dir nie.

Wer gar nichts will, bekommt auch nicht immer, was er will.

Wir kopieren sklavisch die modernen Originalitäts-
und Befreiungsformen.

Aufgeklärt und erleuchtet ist, wer die Wahrheit eines uralten Sprichworts
zum ersten Mal wirklich einsieht.

Wer nicht intellektuell genug ist, ist auch nicht sinnlich genug.

Dich langweilt jeder, den du langweilst, dich fesselt jeder, den du fesselst.

„Alle Menschen sind gleich" weit von Affen entfernt.

Handarbeiter handeln nicht – sie werden gehandelt.
Kopfarbeiter arbeiten nicht – Köpfchen lässt arbeiten.

Lebe so, dass du einen Nachruf verdienst, den du Lügen strafst.

Auch Eliten arbeiten. Sie bearbeiten dich,
bis du gut für sie arbeiten kannst.

Der Leib ist in der Welt, die Welt ist in der Seele,
aber die Seele im Leibe.

Uns interessiert nichts, wozu uns nichts einfällt.

Das Privatleben eines Autors besteht aus Veröffentlichungen
und die einzige Praxis des wahren Gelehrten aus Abhandlungen.

Ein irdisches Paradies ohne Ausgang wäre die Hölle.

Man hat selten im Kopf, was ganz auf der Hand liegt.

Die meisten Selbstgespräche finden zwischen Unbekannten statt.

Von ihrem Innenleben wissen viele weniger als von ihren Innereien.

Der Künstler misst ein Ideal an seinem Werk.

Wer mehr als satt werden will, verdient es nicht einmal, satt zu werden.

Es ist keine Kunst, sich ein Beefsteak zu machen,
wenn ein anderer schon die Kühe gemacht hat.

Ich jammere gerade, weil Jammern nichts nützt.

Suche bei Philosophen nur noch Sätze, die noch niemand je zitiert hat!

Weltbeglücker bringen so viel Glück wie Weltzerstörer und -eroberer.

Man lernt einen Menschen, d. h. seine Fremdheit gut kennen.

Erstmaliges merkt man noch nicht, und Dauerndes merkt man nicht mehr.

Lebe gegen deine handgeschriebenen Lebensläufe.

Rüge und lobe lieber mich in dir als dich in mir.

Kann das Unterbewusste fürs Über-Ich selber zum Über-Ich werden?

Modern wird jeder, den die Natur weniger prägt
als die Naturwissenschaft.

An Männern ist nur das Beste gut,
an Frauen nur das Schlimmste schlecht.

Wird glühende Liebe, die eiskalte Duschen erhält, stahlhart?

Tut einer seine Pflicht nur deshalb ungern, weil alle sie tun sollen?

Exemplare statuieren noch keine Exempel.

Wir wollen lieber neunzig werden als noch einmal zehn Jahre alt sein.

Du lebst : Du schlägst die Zeit tot, bevor sie dich totschlägt.

Wer Spuren hinterlassen will, muss sie verwischen. Wer keine hinterlassen will, muss verwischen, *dass* er sie verwischt.

Die Würde des Menschen wird angetastet bei Geburt und Tod, von wem?

Wenn die Natur mal täte, was wir dauernd tun, gäbe es sie nicht.

Abwechslung langweilt gewöhnlich schneller als alle Gewohnheit.

Einige Gedanken leuchten uns so schnell ein,
dass man kaum glauben kann, sie stammten von Kant oder Plato.

Mein Traum ist es, dein Traum zu sein,
und dass es dein Traum ist, mein Traum zu sein.

Gelernt hat der Mensch nur, er sei lernfähig.

Man beherrscht am liebsten jene, die sich nicht beherrschen können.

Ist das Glas des Bewusstseins halb voll,
ist das Glas des Seins nie halb leer.

Muss man also im Paradies gewesen sein, um etwas erkennen zu wollen?

Haben nur Selbstlose Selbsterkenntnis?

Christentum heißt nicht, dass Gott Menschenaffe wurde.

Gegen Mitleid hilft nur Helfen.

Der *Sinn des Lebens*? Sein Wille geschehe. Oder wenigstens nicht deiner.

Wer sein Unbewusstes kennenlernen will, sollte seine Gegner befragen.

Wer lebendig begraben zu werden fürchtet,
war schon zu Lebzeiten wie tot

Das Kind sieht jede Puppe als Person, der Große jede Person als Puppe.

Ein Untertan überschätzt sich oft dadurch, dass er sich unterschätzt fühlt.

Hat das Leben den Sinn, Optimisten pessimistischer
oder Pessimisten optimistischer zu machen?

Du besitzt nie viel mehr, als du Bedürftigeren geschenkt hast.

Gott rettet dadurch, dass du dich selber retten kannst.

Zuviel Selbstvertrauen wird mit anderen nie vertrauter.

Wer sich keine Ideen erwirbt, muss keine angeborenen haben.

Hohe Ideale scheinen erreichbar, hohe Begabungen nicht.

Wer schlecht leiden kann, kann oft gut mitleiden (und umkehrt).

Wer scheitert lieber an zu schweren Gegnern als zu leichte zu besiegen?

Muss man eine Ratte sein, um ein sinkendes Schiff zu verlassen?

Verliebte sollten nicht vernünftig sein
und Eheleute nicht verrückt nacheinander.

Jede Epoche weiß sich aufgeklärter *und* zerstörerischer als die vorigen.

Der Kluge ist oft ein Feigling, aber nicht jeder Angsthase ein Geistesheld.

Eine Stadt zerfällt in Dörfer,
aber ihre Einwohnerschaft nicht in Individuen.

Mancher hilft dir nur, wo er gerade anderen schadet.

Vulgo „leben": viel pimpern, und vorher und nachher gepampert werden.

Der Gedanke, dass Gedanken aus Gefühlen stammen,
stammt wohl selbst aus Gefühlen.

Wer keine Kraft zum Sterben mehr hat, muss deshalb nicht weiterleben.

Wer viel fällt und liegt und schläft,
erweitert wenigstens seine Horizontale.

Vergänglichkeit deprimiert, doch was nicht verschwinden will, erst recht.

Viele Kinder haben Weisheit, Erwachsene Wissen(schaft) und Alte Witz.

Jeder Blick durchs Elektronenmikroskop zeigt, dass man heute seinen
Horizont stark einengen muss, um ihn ein wenig erweitern zu können.

Gott ist Geist, heißt es. Geisteswissenschaftler wissen nichts mehr davon.

Wo Gott Mensch wurde, muss dieser kein Tier oder zu Stein werden.

Wer Objekte subjektiv sieht,
hat Subjektivität noch nicht objektiv erkannt.

Hinterlasse den Schöpfer so, dass ihm anzusehen ist,
er hat dich geschafft.

Welche Rolle du auch zeitlebens gespielt hast, du wirst sterben, sie nicht.

Jeder soll heute seine eigene Meinung haben,
d. h. eine eigene Art zu irren.

Behandelt man dich schon gut, wenn man sich von dir misshandeln lässt?

Wer nach dem Sinn von allem fragt,
bittet schon ganz unsinnig um Gnade.

Philosophen klären Aufklärer darüber auf, was Klarheit bedeuten kann.

Wer wäre ohne seine Komplexe kein langweiliger Simpel?

Glücklich bin ich, wenn alle wissen, dass ich auch ohne sie glücklich bin.

Astronomen sind Leute,
für die schwarze Löcher am Himmel wahre Fundgruben sind.

Feste Bindungen sind gut, heißt es, aber wer bindet da wen gut fest?

Erst fand der Mensch die Welt erträglicher und einträglicher als
ein Fertigprodukt Gottes und später als ein Rohstoff eigener Arbeit.

Philosophie heißt : Worauf es überall ankommt, kommt nirgendwo an,
und worauf es nie ankommt, kommt immer an.

Ein Idiot kann dich befördern, aber nur zu einem Idioten.

Können auch Träume uns traumatisieren?

Vom Kapital lebt es sich oft schlechter als von seiner Kritik.

Jeder Wunschtraum und jeder Alptraum sucht sich seine Schlafmützen.

Was bei Jugendlichen Wankelmut oder Standhaftigkeit bedeutet,
heißt bei Greisen Flexibilität oder Starrsinn.

Erst entlarvst du, was dich verhexen will,
dann verhext dich, dass du es entlarven kannst.

Werk statt Werkstatt? Jeder ist kreativ oder Kreatur.

Ersetzt Mathematik die eine Weltsprache *vor* dem Turmbau von Babel?

Versteh dich als langsam entstanden aus dem,
was du rasch verstehen willst.

Mancher wird eine Katastrophe, wenn er keine bekämpfen darf.

Eine Diktatur ist so schlecht, dass man dort nicht mal Pessimist sein darf.

Charakterstärke heißt, seinen Schwächen treu zu bleiben.

Ordnung heißt : Organisationen überleben Organismen.

Die sieben Todsünden bestehen nun darin, sich Lebenshilfen zu nennen.

Opfere dich für eine Idee und sie wird größer,
opfere andere für eine Idee und sie wird kleiner.

Manchmal kann man siegen und trotzdem Erfolg haben.

Was du am liebsten überprüfst, bildet oft den einzigen Prüfstein für dich.

Um mit Gedanken Erfolg zu haben, genügt es,
sie nicht zu Ende zu denken.

Der Realist lernt das Leben zu früh kennen, der Idealist zu spät.

Wenn ich wüsste, wovon ich rede, würde ich es tun und verschweigen.

Für Bekämpfung der Ruhmsucht kann man berühmt werden.

Gekettet bist du an den, der dir die Ketten abnimmt
oder dich auch nur frei nennt.

Intelligent wirkst du, wenn deine Dummheiten ansteckend wirken.

Der Mut des Kriegers dient dem Arbeitsfrieden der Feiglinge.

Reiche täuschen uns ständig über ihr wahres Interesse,
uns über unsere wahren Interessen zu täuschen.

Der Intellekt entsteht im Affekt und gegen ihn.

Am meisten verwirren uns Klarheit und Ordnung.

Seit Kant steht der Mensch ganz unter dem Eindruck,
den er auf alle Dinge macht.

Iwan, der erschrickt, ist der Schrecklichste.

Gitterstäbe werden geschmiedet durch Rütteln.

Seit Luther beten Christen um einen ungerechten Gott.

Wer bezichtigt sich ohne Eitelkeit eben dieser Eitelkeit?

Mit deinen Bekannten sterben peinliche Zeugen
deiner Schwächen und Vergehen.

Schreibe so klar, dass du jeden Leser verstehst.

Der Sozialismus 1968 war eine unverdiente Erhebung
von Bürgerkindern in den Proletenstand.

Lebenslanges Lernen heißt : Dumm leben und klug sterben.

Das Neue verhält sich zum Alten Testament
wie Glaubensbekenntnisse zu Gotteserkenntnissen.

Moderne Schutzengel haben volle nukleare Erstschlagskapazität.

Dichterische Freiheit wird unterstellt, damit man zurechnungsfähige
Künstler auszeichnet und nicht nur Naturtalente oder sich selbst.

Am schönsten ziehen die Literaten in Büchern das Leben dem Lesen vor.

Künstler schaffen Werke,
um nicht nach ihrem Leben beurteilt zu werden.

All unsere Sinne beflügeln und beflügelt nur das Wunschdenken.

Der tragische Hamlet wäre undenkbar als Erwerbstätiger.

Mancher zwingt mich, seine Vorurteile über mich endlich zu verifizieren.

Heute will jedes *animal rationale* gerade noch eine *ratio animalis* haben.

Wie viel muss man übersehen können, um Übersicht zu gewinnen?

Könnte darin noch handeln, wer das große Ganze ganz durchschaute?

Besessen sein darf man nur noch vom Besitztrieb.

Wer sich niemals in die Wüste schickt, wird ein Wüstling.

Im Mittelpunkt stehen nur noch Exzentriker.

Die wichtigsten Mitglieder jeder Gemeinschaft
sind die Ausgeschlossenen.

Wem Fremdartiges fremd bleibt, wird eigenartig.

Du sollst dir kein Bildnis machen, auch nicht von den Bilderstürmern,
und sogar Maschinenstürmer werden schon maschinell hergestellt.

Wer langsam nachlässt, ruft schnell den Nachlassverwalter.

Psychologen analysieren uns die unsterbliche Seele aus dem fitten Leib.

Auch Todesangst schreibt Bücher gegen sich.

Geblendet von Erscheinungen heißt noch nicht von Ideen erleuchtet.

Wer sich mit der Natur nie vertraut macht, ist ihr nicht bekannt.

Gute Werke können Handlungen oder auch Abhandlungen sein.

Einige betrinken sich daran, dass sie andere besoffen machen.

Die Welt steht vor Gott wie Gewalt vorm Gedanken –
als stünde ein tieferer Gedanke vor höherer Gewalt.

Wer sich selbst erkennt, gibt sich selten zu erkennen,
und wer sich nie durchschaut, wird durchschaut.

Technik: Versuch menschlicher Geschöpfe, den Schöpfer zu erziehen.

Wer sich selbst erkennt, erkennt dasselbe wie jeder.

Viele wagen nicht, Böses zu tun, aber doch Gutes nicht zu tun.

Wer gesellschaftlich herrschen will,
ist von der Gesellschaft schon beherrscht.

Auch Nietzsches Theorie, dass jede Theorie unwahr sei und nur
Macht ausüben wolle, ist dann unwahr und will nur Macht ausüben.

Überlege, dass du dem unterlegen bist,
der dir deine Überlegenheit bestätigen soll.

Wer sich als unverkäuflich verkauft, will oft nur seinen Preis hochtreiben,
und wer sich verkauft, zeigt sich so wertlos, dass er Gewinn macht.

Autoren können keine schöneren Titel tragen
als die Titel ihrer Bücher.

Was wir können, kennen wir noch nicht;
was wir kennen, können wir nicht mehr.

Pastor otiosus. Der Hirte hütet seine Herde – für die Schlachtbank.

Ist Moral nur autoritär geregelter Zugang zu gut verknappten Gütern?

Mehrheitswahlrecht den Mittelmäßigen, das Vetorecht dem Außenseiter!

Besessen von dem, was du nicht besitzt: Was *hast* du, d. h. was *fehlt* dir?

Den Menschen ist es misslungen, sesshafte Häuslichkeit, Auto
und Fernseher, Gen-Labor und Internet nicht zu erfinden.

Alle Geldleute nehmen an, dass alle Leute Geld annehmen.

Wer sich durch Verschenken nicht bereichert,
verarmt durch sein Vermögen.

Durchsichtige Dinge können undurchdringlich
und durchlässige undurchschaubar sein.

Emanzipation vom Schöpfer wirft jeden Kerker in jeden Menschen.

Am zweckmäßigsten erweisen sich immer die Mittelmäßigen.

Modern wirkt, wer sich durch feste Ziele nur aufgehalten fühlt.

Wem nicht mal Hören und Sehen vergeht, ist ein Vernunftwesen,
das sich nicht nur am Hören und Sehen vergeht.

Ein wahrer König ist ein Tyrann,
der alle seine Untertanen zu Königen macht.

Der Materialist himmelt die Erd(oberfläch)e an wie Satan die Seelen.

Stelle fest, dass nichts feststeht als deine eigenen Festsetzungen.

Nur für eine Sau bin ich kein Schwein.

Aphorismen wollen den Geist von Sozialsystemen sprengen
und den von Sonnensystemen spiegeln.

Jeder ist gefangen in einer Zelle und frei in Milliarden seiner Zellen.

Wer im Schatten steht, kann Schattierungen erkennen und anbringen

Waren langlebige Leute Spätentwickler?

Zeit ist eine Geschichte der Diktaturen und eine Diktatur der Geschichte.

Man kann von vielem überzeugt sein, ohne sich davon überzeugt zu
haben.

Den Menschen vom Menschen her zu verstehen, macht unmenschlich.

Ich fühle mich jedes Mal angegriffen von meinen Angriffen auf andere.

Dein Weltbild minus deine schöpferische Einbildungskraft erschöpft
ja noch nicht Gottes Schöpfung.

Alt ist ein Mann, der nicht einmal mehr gern Verlangen hätte
nach Frauen.

Ökologie hat todsichere Mittel gefunden, die menschliche Natur
nicht zu gewahren und die Umweltschützer zu schützen.

Das kleinste Hirn macht uns denken,
das Herz mache sich groß Gedanken.

Le Grand Principe. Hat es einen besonderen Grund,
dass alles einen Grund hat oder die ganze Welt gar keinen Abgrund hat?

Überhaupt lässt sich ja alles behaupten. Du hast deine Behauptungen
bewiesen, doch deine Beweise und dich nur behauptet.

Wer sich an alles erinnert, erfreut sich des schlechtesten Gedächtnisses.

Wer sich nicht selbst beherrschen kann, will sich aber selbst bedienen.

Mancher verzweifelt am Glauben, glaubt aber nicht seinen Zweifeln.

Mut und Verstand lassen sich nur schwer vortäuschen.
Verständnis und Demut finden deshalb mehr Verständnis.

Freiheit ist unser Fatum, also freies Spiel dem Schicksal!

Politik : Gute Gewalt im Dienste des Rechts,
schlechtes Recht im Dienste der Macht.

Prominente machen missgünstig oder schadenfroh,
Normalsterbliche gierig oder gleichgültig.

Oberflächliches ist das Flachste und Niedrigste, was oben sein kann.

Intellektuelle sind kein Teil der Gesellschaft. Sie sind schon Individuen.

Mancher glaubt nur an einen Gott, den er selbst entworfen,
und leugnet den, der ihn selbst erfunden hat.

Mein Stern am Himmel : das fünfte Rad am *Großen Wagen*.

Selbstbestimmung : Ich atme nur, wenn *ich* es will.

Verplemperte Zeit nennt sich schnelllebig.

Gib viel auf einen Rat, der viel Rätsel aufgibt!

Das Unverständliche an der Welt sieht allein der Verstand,
doch das Durchschaubare am Kosmos wird mutig vermutet.

Man bewirkt seine Leidenschaften und erleidet seine eigenen Werke.

Man muss Altes kennen, um zu wissen, was neu ist. Wer nichts Neues
kann, muss Veraltetes kennen, um überhaupt etwas zu können,
und wer alles kennen lernen will, muss etwas erneuern können.

Im Christentum sind reuige Täter nur verlorene Söhne
und unschuldige Opfer nur arme Erbsünder.

Zu viele Angaben ergeben nur Annahmen von Angebern.

Die Grenzen, die der eine überschreitet, übergeht der andere.

Wer mehr einnehmen will, als er andere ausnehmen kann,
muss abnehmen oder Technik annehmen.

Man kann eingehen *mit* und muss nicht eingehen *ohne* Einkommen.

Die Herren wollen nur noch die anstellen, die sich nicht so anstellen.

Leichter verzeiht, wer sich selber schuldig fühlt.

Vor Gott, der uns vereinzelt, waren wir einst gleicher
als vor dem Tod, der uns nur noch trennt und atomisiert.

Mancher wird von Ideen beherrscht, bevor er die Sprache beherrscht.

Lebende klettern über Halbtoten. Solidarisiert uns das Sterben-
müssen mehr als Besitz, Talent, Charakter, Glück und Unglück?

Als K. eines Morgens aus wirren Träumen erwachte, fand er sich
über Nacht in einen verwachsenen Erwachsenen verwandelt ...

Schreibt der Autor mit Hilfe seiner Muse oder sie mit seiner Hilfe?

Begabte sind glücklich, Glück haben nur Talentlose.

Mein Gedankengebäude besteht aus den Steinen,
die mir vom Herzen fielen oder in den Weg gelegt wurden.

Quält dich schlechtes Gewissen,
wenn du es schon als Heldentat empfindest?

Im Medienzeitalter sind auch Zwerge Fernseher.

Die Gesellschaft lohnt, indem sie den Bedarf deckt,
und straft, indem sie Bedürfnisse weckt.

Durch Herz und Bauch ist jeder mit dem All nicht blutsverwandter
als durch sein Hirn.

Weisheit ist kein so großer Segen, wie Dummheit ein Fluch ist.

Aus wem man nicht ganz klug wird, der wirkt fast immer klug genug.

Lässt sich Mutter Natur samt purer Intelligenz aus Quarks,
Neutrinos und Gluonen zusammenbetteln?

Wird eher die *Weltformel* für alles gefunden als auch nur ein einziges
Weltdetail bis ins letzte Detail erschöpfend ausgedeutet sein?

Fördert die Künstler, damit sie euch belebende Werke schenken,
statt euch zu ermorden!

Wohin du mich locken willst, dorthin musst du vor mir flüchten.

Lüftet mal das Weltgeheimnis, warum es von keinem zu lüften ist.

Wer den freien Willen nicht im Hirn entdeckt,
sollte ihn nicht in der Hose suchen oder im Herzen finden.

Ein Mensch ist jenes Teilchen, welches das große Ganze,
von dem es umschlossen wird, ganz enthält.

Wer Gott nicht lästert, hat kaum Laster.

Könnte ein Determinierter einen freien Willen überhaupt entdecken?

Fürchtet die weite Welt den engen Durchgang durchs Denkerhirn?

Wäre Kant jemand wie du und ich gewesen, hätte er nichts zu sagen.

Ein erfolgloser Autor versteht sich gern als Nachweltkulturerbe.

Ewig im Mutterleib ist es zu eintönig und draußen zu verwirrend.

Begabungen sich nicht (aus)nehmen zu lassen, ist auch Gottesdienst.

Vom Unendlichen bleibt am Ende nicht einmal der leere Weltraum.

Fast jeder sieht den höchsten Wert in dem, was ihn wertlos macht,
und scheint nicht das zu brauchen, ohne das er jeden Wert verliert.

In Demokratien ist es klüger, Laien fällen dumme
als Experten kluge Entscheidungen.

Deine Individualität : Privatsumme deiner Klüngelmitgliedschaften.

Eheleute : Kreuzungen zwischen ihren Großeltern und Enkelkindern.

Ein Gelehrter handelt, indem er weiß, wovon seine Bücher handeln.

Ich bin für mehr Denken und weniger Handeln, damit mehr Untätige und weniger Untäter ihre Denkmäler bekommen.

Man sagt *Recht und Freiheit* und meint die Erlaubnis, ungestraft die Zehn Gebote übertreten zu dürfen.

Heute wird ein Thema diskutiert, bis es unter den Teppich geredet ist.

Wer Wege immer weiter zurückgeht, bis zum Urschleim, kann auch tolle Fortschritte machen.

Kant erforschte wenigstens ein menschliches Hirn, das denken konnte.

Ich fördere dich gern, aber nicht über mich hinaus.

Wer für Religion wirksam werben möchte, sollte die Argumente der Aufklärer verbreiten, und wer seinen Schöpfer für Geschmackssache hält, muss wenigstens nicht mehr nachdenken.

Durch Tabus staute einer früher seine Kräfte – über sich hinaus.

Jeder hat das gleiche Recht, zur Nachweltkultur nichts beizutragen.

Wer kann Texte analysieren, die ihn selber analysieren?

Die Namen der schlechtesten Regisseure und Schauspieler sind oft doppelt so groß ausgedruckt wie der Name des größten Autors.

Deine Geburt dauert so lebenslang wie dein Sterben, sagen Gurus.

Linke kritisieren die Realität durch Utopien, Rechte die Utopien durch Platos Ideen, und die Mitte die Ideen durch die Realität.

Mit jedem großen Werk gibt es für künftige Generationen eine große Möglichkeit weniger.

Heute bin ich Luftikus, morgen Langweiler, heute ein Ritter, morgen ein Räuber, heute Lügenbold, morgen Wahrsager: Es gibt Seelenwanderung.

Nach welchem Gesetz würde der Verfall aller Gesetzlichkeit verlaufen?

Chauvinisten : Karrierefrauen, die ihre Kinder von Immigrantinnen erziehen lassen, doch ihre Brut gegen deren Brut durchsetzen.

Bitte, meine Damen und Herren, lassen Sie mal wieder von mir hören!

Gemeinschaft sanktioniert Gebote, Gesellschaft macht Angebote.

Seit dem *linguistic turn* finden Denker grammatisch richtige Sätze, für die sie dann philosophischen Sinn suchen.

Rede nur einfach drauflos, und es sprechen aus dir uralte Philosophen und Ideologen, die du gar nicht kennst.

Mann und Frau von heute koalieren im Kampf gegen Menschen(kinder).

Unfreie reagieren auf Reize, Freie antworten auf An- und Zuruf gereizt.

Demokratischer Rechtsstaat und soziale Marktwirtschaft sind gute Ideen.

Asien war in wenigen Stunden erreicht, der Nachbar nicht in vielen Jahren.

Er wurde überhaupt nicht bemerkt. Da war ihm klar, das kommt von ihr, die ihn gar nicht ansah.

Kulturlosigkeitskultur : Hat Allgemeingültiges eine Endgültigkeitsdauer?

Laut *Heidegger* ist ein Mensch so wenig in der Welt wie die Welt im Menschen, sondern sein „In-der-Welt-Sein" ist ganz in ihm, aber das Weltsein-im-Menschen ist nicht wieder in der Welt und von dieser Welt.

Ehrliche Furcht vor seinen Geschöpfen flüchtet sich gern in Ehrfurcht vor dem Schöpfer.

Wer geht aus sich heraus, um sich in andere hineinzuversetzen, und geht in sich, ohne sie zu verlassen?

Wer immer gleich erlangt, was er noch nie verlangte, wirkt
unzulänglicher, als wer lebenslang verlangt, was er nie erlangen wird.

Menschen spinnen gern – sich und andere ein.

Dickes Fell ist Erbe einer Gänsehaut und Vorläufer eines festen Panzers.

Auf Erden existiert weniger unsichtbarer Geist als im Kosmos
sichtbare Materie, und beides zerstreut sich mit wachsender Eile.

Kluge schaffen in zehn Jahren, was Dumme in einem Jahrhundert ja auch
schaffen würden, doch Junge hindert der Schlendrian, Alte die Demenz.

Ist Erkenntnis Strafe, Lohn oder Entschädigung fürs Nichtmitmachen?

Moral : Beurteile dich so hart wie mich und mich so zart wie dich!

Vorsicht, Vorsehung! Die Ewigkeit entscheidet über das kurze Leben
nicht weniger als dieses über jene.

Heimweh habe ich schon, wenn ich noch in der Heimat bin,
in der Fremde dann nur noch Fernweh.

Bescherung. Beurteilt Gott uns am Ende danach, wie wir seine Gaben
angenommen, übersehen oder als Gifte zurückgewiesen haben?

Wo viele Ausdrücke jeden Eindruck schwächen,
hindern uns viele Eindrücke am Ausdruck.

Aufsteiger wollen reinere Luft atmen und müssen dünnere Luft holen.

Urknällchen : Auf Erden gibt es schon acht Milliarden Paralleluniversen.

Metastasiert im Kunstwerk das Krebswachstum innerer Gefängniszellen?

Wer das Leben nicht nur platonisch lieben will, nimmt mittendrin
an platonischen Ideen Maß, um dann Mittelmaß abzugeben.

Atomphysik : Versuch, den Heuhaufen in der Stecknadel zu suchen.

Gute Gegner nützen so viel wie Gesinnungsgenossen schaden.

Im Jenseits wird jeder der, den er im Leben am wenigsten verstanden hat.

Nannte Kant seine zufällige Neigung, der Pflicht
alle Neigungen zu opfern, notwendige Pflichterfüllung?

Sterben wir, wenn wir nichts mehr tun, was wert ist zu überleben?

Wer noch im Alter lernt und sich dressiert, will für den Tod fit bleiben.

Sein Gedankengebäude baut der Philosoph auf Sand, den er ins Getriebe
der Triebe wirft und in den er dann seinen Kopf steckt.

Wer viele Orte erreicht, hat noch kein einziges Ziel erreicht.

Wer sich seiner selbst bewusst ist, muss sich seines Selbstbewusstseins
selbst bewusst sein, als wäre es das eines anderen.

Was du gewinnst, das blendet dich; was du verlierst, das erst siehst du.

Wenn alle Leute egoistische Gemeinheiten begehen, kann man sich
von der Allgemeinheit nur absetzen durch ungemeine Selbstlosigkeit.

Der bekehrte Kannibale hat sich zum Fressen gern,
anderes nimmt er nicht mehr in den Mund.

Psychologen sind sehr kreativ darin, Leute nicht zu verstehen, die sich
in Meisterwerken und nicht nur in Kleisterworten ausdrücken können.

Wer schwach zurückbleibt, schwimmt noch nicht gegen den Strom.

Am besten schrieb er stets gegen einen, den er damit ehren wollte.

Fixe Ideen bewegen sich fixer durch die Welt als Fixsterne.

Man handelt so gern in der körperlichen Welt,
weil man den eigenen Körper nicht ändern und behandeln kann.

Das Leben ist viel zu kurz, um es mit Pop und PC, Sex und Sport,
Reisen und Basteln zu verspielen.

Ein PC kommt immer noch so teuer wie ein TV-Gerät:
Sie kosten gewöhnlich ein paar Euro und den Kopf.

Weltweit wird inzwischen so viel gedruckt und veröffentlicht, dass in den
vielen Schrottbergen die wenigen Goldkörner perfekt versteckt sind.

Das Tier, zu dem der Mensch sich machen kann,
ist ein anderes als das von Gott erschaffene.

Ich glaube, wenn die Welt wirklich so wäre, wie ich glaube,
könnte es nicht nur mich selber gar nicht geben.

Wer sein Leben genießt, erklärt das Universum zu seinem Leibgericht.

Leben heißt, aus seinen Fluchtburgen zu fliehen, von Sehnsuchtszielen
aufzubrechen und Auswege aus allen Auswegen zu finden.

Wer nur seinen Verstand verloren hat, ist noch nicht so verrückt
wie einer, der nur seinen Verstand noch nicht verloren hat.

Die Kirche beschränkte die Inquisition auf ganz bestimmte Menschen,
die Naturwissenschaft weitete sie auf alle Leute aus.

Wer etwas will, verzichtet auf viel mehr Dinge, als er für sich auswählt.

Ein Egoist ist selten egoistisch genug, dass er sich die Freude macht,
andere durch Geschenke zu erfreuen.

Wer die Dinge ausnahmsweise auch einmal von einer anderen Seite
sehen will, muss ihnen bloß ins Gesicht sehen.

Will jeder Willensfreiheit haben und ist sein Freiheitswille selbst frei?

Illusionslose Leute sind Irre, und Pragmatiker denken gewöhnlich
viel verrückter als Philosophen handeln.

Im Irrenhaus sitzen nicht jene, die in ihrer Selbstentfaltung behindert
wurden, sondern alle, die sich vollkommen selbstverwirklicht haben.

Das waren noch Zeiten, als man Sklaven befreien konnte,
indem man Sklavenhaltern Höllenangst machte.

Institutionen muss es geben für jene, die nicht freiwillig täten,
von dem sie zugeben, dass es getan werden muss.

Mein Kopf vermutet oft mehr, als mein Mut sich zumutet,
aber auch mein Gemüt sagt oft mehr, als mein Gedanke einsieht.

Bin ich nicht so gut wie ihr, dann sind andere auch nicht besser als ich.

Die bizarrsten Romane und Philosophien von Genies sind uns vertrauter
und verständlicher als die einfachsten Naturgesetze des Schöpfers.

Das Volk will keine schlechte, die Elite auch keine gute Reg(ul)ierung.

Wenn es eine *Diktatur des Prekariats* gäbe,
wäre sie eine Monarchie von Neureichen.

Die Mutigen wählen den kleinen Mann auf ihrer Straße,
die Kleinmütigen den großen Mann auf ihrem Nacken.

Ein Politiker, der die Mehrheit verdient, sollte nicht so reich sein,
dass er unkäuflich wird wie ein Heiliger, sondern so unbestechlich sein,
dass er arm bleibt wie seine Wähler.

Die sorglose Jugend verzweifelt schwermütig,
das grämliche Alter tröstet sich hoffnungsfroh leichtsinnig.

An Abgründen lässt sich leider nicht üben.

Wer nicht weltfremd ist, ist meist kosmosfremd.

Mein Kind ist unschuldiger als ich, aber ich mache mich schuldig, wenn ich es nicht erziehe, damit es einst so schuldig werden kann wie ich.

Nietzsche pries die Sinnenlust, indem er seine Leser verletzte.
Plato tröstete seine Hörer, indem er die Geistesfreuden rühmte.

Man erfindet gern, dass es etwas gibt, was man gar nicht erfinden kann, sondern schon vorfinden muss, oder findet, dass man alles erfinden muss.

Leider können mehr gemeinere Menschen mehr als ich
und mehr bessere Menschen weniger als ich.

Wer an Gott glaubt, glaubt an gar nichts sonst.
Wer an Gott nicht glaubt, glaubt leicht an alles sonst.

Ein besserer Mensch hat ein schlechtes Gewissen, sobald er ein gutes hat.

Die meisten Menschen sind eher beeindruckt von ihrer Ähnlichkeit mit den Menschenaffen. Außer jenen Menschen, die besser als die Affen schreiben, malen oder komponieren können.

Verbrecher erniedrigen sich durch ihre Lust,
Rechtschaffene erhöhen sich durch ihr Leid.

Eine Frau misstraut heute ihrem Mann
mehr als der ganzen Industriegesellschaft.

Sozialismus u. a. Wenn alle dagegen sind, muss etwas daran sein, und wenn alle dafür sind, spricht zu viel dagegen.

Dichterische Freiheit ist zu unterstellen,
damit die Zensur keine unzurechnungsfähigen Autoren verurteilt.

Christliche Ehescheidung ist schon der Ehebruch,
der sie rechtfertigen soll.

Zeitgenossen hoffen, dass sie nach dem Tod kein ewiger Vater erwartet.

Einst ward Gott der Herr geliebt als himmlischer Vater,
nun wird der eigene Vater gehasst als häuslicher Herrgott.

Wer nur von sich redet, redet schon falsch Zeugnis
wider seinen Nächsten.

Optimist heißt, wen lockt, was andere schreckt.

Aktivisten bremsen Techniker, die die Welt verändern,
doch die Art, wie sie sich ändert, wird nie geändert.

Wer Atom sagt, baut auch Bomben, wer Gen(i)e sagt, züchtet Menschen.

Sag nicht, was du fühlst. Sag mir was, dann fühlst du was.
Der Solipsist beweist gern, dass es keinen gibt.

Sozialismus wird gebraucht, um das Kapital zu stärken:
Kehrt er jemals wieder, dann unter kapitalistischer Maske.

Kutschen verschwanden nicht, weil Pferde ausstarben,
sondern seit es PS gab.

Wieviel Vielfalt ist schon Anarchie, wieviel Einheit Despotie –
in Demokratien?

Ist eine Welt, wo man einzig die Wahrheit sagen darf, das einzig Wahre?

Vom Baum sagt das Blatt nicht mehr als der Wald.

Man findet es nicht gut, wenn die Guten und Bösen sich gut finden.

Erst hieß der Computer *Elektronengehirn*, nun hat das Hirn Schaltkreise.

Es schadet der Gesundheit, etwas nur für die Gesundheit zu tun,
und ein Herzloser tut wenig für sein Herz.

Urknall heißt : (Das) Nichts ist schneller als das Licht.

Gesellschaft ist eine unbeherrschbare Komplikation der Einsamkeit.

Ebenbild Gottes, dein Bild verfehlt die Welt wie die Welt ihr Urbild.

Erst nach dem Tod wirst du zu den Dingen gehören, die dir jetzt gehören.

Manche glauben, Christus sei eine Kreuz(ig)ung von Gott und Mensch.

Adam und Eva bedauern bis heute keinen Fehler.

Literatur ist eine Welt, in der Namen ihre Dinge tragen.

Dass es Ausnahmen gibt, ist keine und nicht die Regel,
dass es Regeln gibt.

Meine Begriffe von Dingen kopieren deine Griffe nach diesen Dingen.

Wo alle was sind, ist ein Nichts der einzige Individualist.

Was uns Träume bringt, aus denen es uns reißt, ist Kunst.

Ein Begriff von Elend, der (nicht) elend macht, ist falsch.

Mein Leib enthält mehr als den Kopf, mein Kopf mehr als den Leib.

Du liebst so viel, wie du dir untreu wirst.

Höre die Stimmen des Gewissens und lass dich geisteskrank schreiben.

Manche Worte haben so viel Gewicht, dass ihr Autor leichtfüßig bleibt.

Naturforscher glauben, dass die Atome, aus denen wir bestehen,
aus ebenso viel Nichts bestehen wie entstehen.

Die Gedanken sind frei – bis der Autor sie festhält.

Es ist viel sicherer, dass einer stirbt, als dass er geboren wird
oder je wirklich gelebt hat.

Rechne nie mit deiner und meiner Unberechenbarkeit!

Schließt nicht von schwerer Geburt auf einen leichten Tod
oder von böser Zukunft auf glückliche Kindheit.

Realitätsverlust ist noch kein Idealitätsgewinn. Und ist idealloser realer?

Eine Kartoffel mit Fernweh muss auf den Bauern warten.

Wir wollen ständig wissen, *woraus* das Beständige besteht, nicht *worauf.*

Liebe deine Feinde – nicht nur in ihrem Unglück.

Worte geben Widerworte, auf Satz folgt Gegensatz, auf Sinn Widersinn,
auf Macht Gegengewalt. Nuancen brauchen etwas länger.

Naturschutz schützt auch vor Kultur oder Kultur vor.

Das All ist der Weg vom Higgs-Teilchen
zur Masse der Übergewichtigen.

Roboter und Computer haben bis jetzt so wenige Gedanken und Gefühle
wie ihre Erfinder und Benutzer.

Fast jeder ist autosexuell und fährt ein Heteromobil.

Ohne Denken fehlen auch Denkfehler:
Wer falsch denkt, denkt wenigstens.

Fühlst du dich vor Babys oder Greisen gleich viel jünger oder älter?

Das Alter hat der Jugend tröstlich voraus, dass es nicht zu ändern ist.

Den weitesten Horizont hat immer noch die innere Leere.

Die Himmelsleiter zum Himmelsleiter hat nicht unendlich viele Sprossen.

Die Welt steht dir nicht so weit offen wie dein Mund davor.

Sieht nur Eigenliebe überall nur Eigenliebe?

Polizei, nicht Politesse, erzwingt freie Politik.

Wer gut sein will, will zu Gott, und wem gut sein soll, zum Tier.

Du siehst mich – dich sehen – und erkennst nichts – als dich (v)erkannt.

Die Würde des Alls war unantastbar.

Freiheit begnügt sich mit Wasser und Brot oder mit Mord.

Sei so gut, nicht so gut zu sein!

Dass Gott mehr ist als Einbildung, ist Einbildung?

Du glaubst weniger zu sagen, als du sagen willst, und sagst viel mehr.

Einst kriegten Liebende sich nie, nun kriegen sie sich immer satt.

Der Mensch, das Wesen, das Objekt seiner Objekte wird,
macht auch, was nicht menschgemacht ist.

Der Häftling will frei sein, der Freie glücklich, der Glückliche gefesselt.

Alle Menschen sind gleich – außer den guten.

Werde Herdentier, verwirkliche dich selbst!

Dichter haben neue Worte für alte Dinge,
Denker uralte Worte für neueste Dinge.

Hochkultur und Hightech wollen Nachfrage produzieren,
nicht für Nachfrage.

Sei ganz du selbst : Äff dich nach.

Objektiv siehst du nur Unnützes, und dir dient nur Verkanntes.

Du kannst dich beleuchten, nicht erleuchten.

Ist Wahrheit der Leib unterm Kleid oder das Blut unter der Haut?

Der Gemeinschaftsgrad steigt mit den Scheidungsraten.

Man wird zum Staub, aus dem Man sich macht,
doch Christen vollenden sich, wo andere verenden.

Fortschritt ist die Täuschung, dass Junge vor Alten kommen.

Hirnforschung spricht unseren Willen frei, indem sie ihn unfrei spricht.
Schuldlos schuldig wird er tragikomisch.

Theorien werden in Untaten praktisch.

Der tote Leib ruht in seinem Grab, der lebende in keinem Schwerpunkt.

War die Wahrheit gefunden, fing Philosophie erst richtig an.

Tu was du willst; fühl was du musst; denk was du darfst.

Niederes Volk kommt himmelhoch, doch nie nach oben;
der Herr kommt in die Hölle, doch nie herunter.

Individuum und Allgemeinheit haben ihren Wert,
doch keinen füreinander.

Knechte tragen Differenzen, Herren Differenzierungen aus.

Soll die Welt besser werden, muss es uns schlechter gehen (dürfen).

Nichts platter als nur zwei Seelen in der Brust.

Beweise brauchen nie Weisheit, Behauptungen kaum Hauptsachen,
Wahrheiten wenig Wahrhaftigkeit und Vermutungen keinen Mut.

Schönes überflutet alle Reize.

Bis zur Hirnforschung schlug dir die Neugier auf dein Innenleben
den Schädel ein.

Ändere mein Gefühl für dich,
und du änderst meine Gedanken über deine!

Die innere Leere der Welt sah der leere Buddha.

Nach Freiheit ruft, wer widerspruchsfreien logischen Gesetzen zwanghaft
widerspricht. (Zwänge erzwingt, wer Triebe befreit.)

Inzwischen werden Gesetze und Tabus abgeschafft, indem man sie bricht.

GUT. *Every theory of everything* müsste selbstverständlich
auch sich selbst verstehen – ohne weitere (Meta-)Theorie.

Unabhängig bleibt, wer sich aus dem Zusammenhang reißt.

Physik 3.0 : Das Nichts zerfällt ins All,
und ein Superstring besteht aus Paralleluniversen.

Viele essen, zeugen und schuften,
damit einige speisen, lieben und handeln.

Das einzig Wahre lag einst im Vorgestern, liegt heute im Heute
oder Übermorgen – und in Wirklichkeit in keiner Zeit.

Realität, die mir wirklich nützt und dient, wirkt unwirklich.

Wer keine Unvernunft annimmt, keine Visionen hat
und keine Stimmen hört, gehört zum Psychiater.

Gesellschaft ist die Nummer Eins mit lauter Nullen, doch gemeinsame
Interessen ersetzen kein einsames Interesse daran.

Man züchtet sich realistische Praktiker, d.h. ideale Sklaven.

Wer genau sieht, wie er mich sieht, sieht mich unscharf.

Selbsterkenntnis sieht vom Ufer den Fluss
und vom Strom das Ufer zugleich.

Nun tun wir frei und gern (uns selbst an), was uns einst angetan wurde.

Weltbild und Selbstbewusstsein sind Doubles oder Rivalen.

Fordere Europa, und du förderst seine Gegner!

Auch Nietzsche und Foucault wollten an die Macht –
durch Philosophien des Machtwillens.

Augen zeugen *von* weil *mit* Mutter Natur.

Arme Deutsche sind an reiche Deutsche mehr gebunden
als armen Polen verbunden.

Utopien scheitern nicht an Rechenfehlern.

Auch wer sich zum Sterben legt, steht für seine Schuld gerade.

Unbekanntes bewirkt Erkenntnis. Wissenschaft erkennt die Funktion von
Religionen, Religion die Funktion von Funktionen und Wissenschaften.

Wer einwilligt, will mitgewirkt haben.

Nichts Wirkliches könnte ganz anders sein, als es ist, sagen Forscher.
Außer der ganzen Wirklichkeit selbst, sagen Fromme.

Die besten Bilderstürmer sind nicht fromm, sondern Maler.

Dichter, die Träume erzählen, zählen nie auf Denker,
die die Kosten zählen.

Entweder schreibt oder steht man über etwas.

Die Seele ist unsterblich, wo sie Geist hat und ewig gültige Logik versteht.

Man denkt, Hirnforscher lesen, *was* man denkt, nicht *dass* man denkt.

Da jeder vom Himmel gefallen ist, passt er nie ganz in Öko-Nischen.

Wenn man sich schon demütigen muss,
dann lieber vor Idealen als vor Realisten.

Wer ist dazu gut, zu nichts (zu) gut zu sein?

Güter werden Kunstwerke, wo sie mehr von uns erwarten
als wir von ihnen.

Leidenschaft, die es schafft, nicht zu leiden, ist konzentrierte Zerstreuung.

Ein hässliches Bild vom Schönen
ist noch kein schönes Bild vom Hässlichen.

Eine Person besteht aus mehr Massen als eine Gesellschaft aus Individuen.

Die Reichen tolerieren die Armen und die Herrscher ihre Sklaven.

Pluralisten können alles anerkennen, was sie kaum kennen.

Ich fürchte mich. Wie dich.

Wer Kinder zu seinen Autoritäten erzieht,
braucht antiautoritäre Pädagogik.

Wer mitspielt, kann verlieren; wer nicht mitspielt, will gewonnen haben.

Richtet euch – nacheinander oder nach dem Recht!

Welcher Philosoph hat tiefere Gedanken
als seine höchste Besoldungsstufe?

Kunst, die im Leben aufgeht, geht so ein wie Leben, das in Kunst aufgeht.

Um mein Hirn zu verstehen, müsste ich klüger sein als mein Kopf.

Romanciers sind Romanhelden, und welcher Roman ist mehr wert
als die Bürgerkarriere, die seinem Schreiben geopfert wird?

Nur verstiegene Theorien steigen tief genug ein in praktische Probleme.

Der Künstler schickt den Bürger, der ihn zum Spielplatz schickt, zur Hölle.

1871 : Bismarck gründet sein Reich, Darwin beweist seine Ahnen.

Steine im Weg sind bessere Wegweiser als ein Stein vom Herzen.

Zeitgenossen sind Idealisten, ihr Sein ist nichts als Wahrgenommensein.

Feste in Festungen feiern. Der Leib kann nicht so, wie die Seele will,
der Geist kann nicht so, wie der Körper will : Was ist komischer?

Darwin passte nicht das Überleben des Unangepassten.

Nur Unnützes und Unwillkommenes braucht Argumente.

Der Adel, das einzige historische Experiment einer *leisure class*,
animiert wenig, seinen Zeitvertreib maschinell zu demokratisieren.

Was realisierbar wäre, wäre nicht idealisierbar.

Lebenslust war früher zügelnswert stark
und ist heute einpeitschenswert schwach.

Kunst & Geschichte: Sieg mordlustiger Helden über gesetzestreue Spießer.

Gerecht : Jeder ein Hausbesitzer, jeder ein Supermodel, jeder ein Einstein!

Warum widersteht die Welt unserem Willen weniger als unserem Wissen?

Das viele Böse gibt es ohne mich, nicht das wenige Gute.

Bisher schaffen Maschinen mehr Arbeit als ab.

Die Lügen der Zeit, aufgedeckt von den Lügen der Künstler.

Copyright. Wünsche verwünschen andere. Enteignet die Geistreichen!

Entweder be- und verdrängt man Lust oder Verlust, Leben oder Sterben.

Freie Kunst ist frei von Kunst. Die Muse ist eine Domina mit Zuckerbrot.

Widerlegt wirkt ein Gott, der in Christus starb,
und Christus, der in Kirchen auferstand.

Freiheit ist Selbstfesselung, Befreitwordensein ist Unfreiheit.

Wäre die Welt in Ordnung, gäbe es uns gar nicht.

Das Gute gewinnt nicht mit gutem Gewinn.

Spartacus 2000 will die Mächtigen aus ihren goldenen Käfigen befreien.

Hoffnung schwächt Erinnerung und das Kinderglück die Greisenangst.

„Selbstbestimmung" wurde der Werbeslogan der Ellbogen.

Wir modern modern. Mich verstehen heißt meine Gegner verstehen.

Die Welt ist so wirr, wie der Kopf denkt, und so klar, wie der Tropf glaubt.

Wenn jeder siegt, will mancher verlieren.

Wer kann etwas für das, was er kann?

Demokratie heißt, dass Erstbeste bestimmen, wer die Best(i)en sind.

Auf wen schaust du am mitleidigsten zurück? Ihn wirst du nie überholen.

Geist braucht mit der Zeit mehr Gründe als der Zeitgeist.

Dass Askese weniger langweilen kann als Erfüllung, spricht für Gott.

Kein Widerstand ohne Wohlstandskämpfer,
doch wer vom Nein gut leben kann, ist Herde.

Seit wir Unverbesserlichen in der verbesserbarsten aller möglichen Welten
leben, darf man mit nichts mehr zufrieden sein, ohne dumm zu sein.

Gentechnik : Demokratischer Aufstand gegen DNA- und IQ-Adel?

Der Mensch macht sich zum Affen, um zu beweisen,
dass er nicht von ihm abstammt.

Man ist so frei, Fatalist zu sein.

Wer tut, was ihm nicht passt, tut noch nicht, was ihm frommt.

Meine Meinungsfreiheit ist Freiheit *von* Meinungen und *für* Dogmen.

Lux et crux. Den Knechten widersteht der Herren subjektiver Wahn,
den Herren nur des Herrgotts objektive Wahrheit.

Was nicht anders ist, als es auch ausschaut, wirkt undurchschaubarer.

Nur was nie ist, offenbart der Welt, was sie immer ist – nicht umgekehrt

Du grollst deinem Gönner, indem du deinen Günstling geringschätzt.

Das Unnatürlichste von der Welt sind naturalistische Naturwissenschaften.

Beschreibt man die Welt, wie man Leinwand bemalt?

Feine Verkleidung geniert mehr als nackter Trieb.
Wer die Liebe von Tabus befreit, befreit sich von ihr.

Lag die Würde der Menschen in ihrer gegenseitigen Entwürdigungskraft?

Praxis ist das Gegenteil von Kultur, die viel Zeit verlieren will.

Sein Ziel zu erreichen ist gut, aber zu nichts gut, also sinn- und zwecklos.

Tritt man dich mit Füßen, liegt man dir zu Füßen.

Kunst heißt : Scheinwelt schützt Sein vor Schein.

Nur die unwirklichste Kunstform trifft noch die unförmigste Realität.

Eine Gesellschaft, die dir nicht freistellt,
in ihr ohne sie statt gegen sie frei zu werden, ist unfrei.

Hölderlin? Wächst das Rettende (über den Kopf), wird´s gefährlich.

Produzenten und Konsumenten werden produziert und konsumiert.

Für Christen leben Reiche gut und Arme ewig.

Revolutionärer Bruch mit der Tradition beständiger Traditionsbrüche
heißt je nach Kassenlage konservativ oder reaktionär.

Kunst und Wissenschaft eint das Sakrileg, gern *über* Sakrales zu sprechen.

Höhere Kreise entfesseln ihre niedersten Triebe,
solange Hightech nicht das niedere Volk für Hochkultur freistellt.

Kunst ist einsame Scheinwelt, die soziale Scheinwelt entlarvt.

Anstoßen auf viele Denkanstöße erregt wenig Anstoß, und um daraus
klug zu werden, fehlen mir nur noch wenige Dummheiten.

Folgt aus allem nur eins, dann aus einem einzigen auch schon alles.

Ergreift die Initiative, die euch ergreift, und begreift sie!

Der Herr schaut, der Knecht baut: Akteure dienen, Zuschauer verdienen.

Wer lange unten ist, wird nicht tiefer, wer obenauf ist, aber oberflächlich.

Du hasst den, der dir gibt, und liebst den, dem du gibst.

Selbständig und unabhängig fühlen sich nur noch Orientierungslose.

Beide Beine fest auf der Erde verraten den Himmel. Der Kopf sühnt ihn.

Entweder wirst du uns fremd oder kommst aus der Fremde.

Theorie und Praxis sind theoretisch eins und praktisch entzweit.

Es gäbe nichts Unbewusstes, wüsste man, wieviel es davon gibt.

Teufel halten Güte für die raffiniertere Bosheit.

Abgründe. Die Himmel hoch droben waren nie die Tiefen des Weltalls.

Heut wächst alles nach unten und welkt nach oben.

Das Leben geht weiter – zurück oder in sich.

Die moderne Form von Resignation heißt Fitness, Info und Hoffnung.

Loveparades kreischen : Macht uns zu Truppenparaden!

Teilt sich jeder weiter, sind alle eng verbunden.

Meist ändert man andere, damit sie nicht mehr anders sind.

Es geht drunter und drüber, bis es ein Oben und Unten gibt.

Auch aufrechter Gang beugt sich dem Druck der Erwerbsarbeitslast.

Gebildet ist, wer durch mehr Wissen fähig wird, weniger zu verstehen.

Seit Descartes schien jeder Zweifel über jeden Zweifel erhaben.

Wer die Preise kennt und nennt, hat die Werte schon hinter sich.

Im Osten nichts Neues, im Westen nichts Altes mehr.

Ein Glück kommt, obgleich man es sucht.

Die Kirchen sind nun leer, überfüllt von innerer Leere.

Kunst : Nur was man kann, kann man lernen und üben.

Als Produzent gilt, wer mehr Künstler als Künste beherrscht.

Mit der Maske verliert man sein Gesicht,
mit dem Gesicht wahrt man seine Larve.

Träume werden wahrer beim Erwachen.

Journalistische Freiheit wird durchs Anzeigengeschäft *erworben*.

Korrigieren sich Vorurteile durch Nachrichten über Hintergedanken?

Ein unabhängiger Mensch reißt sich aus dem Zusammenhang zusammen.

Die überwältigende Mehrheit wird durch Ver(ge)walt(ig)ungen bewältigt.

Wer erwartet vom Leben noch Höheres als höhere Lebenserwartung?

Soll ich sollen, kannst du können, will wer wollen, dürfen wir müssen?

Ein Kind will möglichst bald verknöchern, ein Greis ewig unreif bleiben.

Auch am seidenen Faden hängen stolze Marionetten.

Große Männer fingen mal ganz klein an, kleine Leute ganz groß.

Man sieht nur, was man glaubt, und was man sieht, ist unglaublich.

Es gab so wenige *innere Emigration*, weil ein solches Land unbekannt
war oder keine Visa ausstellte und Jobs bot.

Das Rätsel des Lebens hat eine Lösung, keine Frage:
Es rät, die Existenz der Welt sei insgeheim ein Geheimnis.

Wie viele Todesschreie sind Wiedergeburtsschreie?

Poesie und Philosophie haben den herrlichen Sinn und Nutzen,
dass man für Herrschaften sinnlos und unnütz wird.

Große werden nach dem Tod auch vergessen, Kleine vorher.
Unsterblich sind unverständliche Versteher.

Das Leben macht sich nur noch zum Mittel, um Lebensmittel zu machen.

Was ohne Anfang war, bräuchte unendlich lange und erreicht uns nie.

Cunt? Jeder Imperator lehnt den *Kategorischen Imperativ* kategorisch ab.

Wäre *die beste aller möglichen Welten* eine, die sich verbessern ließe?

Das meiste um mich bleibt mir so fremd, dass ich kein Fernweh kenne.

Kultur : Genuss, Bürgern Hochgenüsse anzubieten,
die ihnen zu hoch sind.

Gewinn und Verlust rationalisieren Lust und Leiden(schaft).

Verzweifelt ist, wer Ärgeres kennt als den Weltuntergang.

Tonangebende Ideen sind kein Material, um Materielles zu idealisieren.

Philosophie: Wer Seine Gedanken liest, macht sich jenen Begriff
von Gott, der Seine Existenz beweist.

Man lebt immer länger und fitter für immer längere Demenz.

Aufklärung macht rationale Entmythologisierung
zu atheistischem Mythos.

Psychologen, die Moralisten nicht überflüssig machen, sind überflüssig.

Was du mir nimmst, nimmst du dir; was du mir gibst, gibst du dir.

Man denkt sich immer mehr Geschichten aus
und kennt sich nimmer mehr in der Geschichte aus.

Wertungen müssen so wenig subjektiv wie Tatsachen objektiv sein.

Welcher Urheber zwingt uns durch welche Ursachen,
von keinen Ursachen gezwungen frei zu sein?

Befreite Menschen sind nun wieder unfrei – sie folgen ihren Launen.

Kategorischer Imperativ : In Christus wird Gott nicht Mensch
und menschlich, aber Gottes Gesetz in menschliche Hand gelegt.

Ein Individualist reißt sich aus dem ganzen Zusammenhang,
um sich und ihn ganz zu verstehen.

Riskante Chance. In einer Million ist eine Null mehr als für sich allein.

Noch nie hat schlaue Ignoranz über so kluge Instrumente verfügt.

Wer sich frei dünkt, wünscht keine Tyrannei herbei,
die seinen erst Freiheitsdurst weckt.

Aus *zweifelhaften Individuen* spricht nur die Gesellschaft.

Wer es noch nie mit etwas versucht hat, sollte nie den fragen,
der es noch nie ohne das versucht hat.

Niederwerfung von Herren glückt nur als Niederwerfung vorm HErrn.

Superreich im Himmelreich? Christentum war die Idee,
dass der Knecht mehr wert sei als (sein Preis für) die Herren.

Wandelt auf Erden und alles wandelt sich, mehr als durch sesshaftes Tun!

Demokratie ist jene idealistische Utopie,
die sich gern mit der herrschenden Staatsform verwechselt.

Träumst du die Außenwelt, wie du dein Innenleben wahrnimmst,
oder träumst du dein Herz, wie du die Welt siehst?

Es ginge mehr, wenn man mehr ginge.

Die Unterschicht gilt oft als Unterwelt, verurteilt auf Bewährung.

Einst hieß der Mensch unvernünftig, nun heißt es vernünftig,
dass er es ist.

Um sie zu verstehen, steht man *in* der Welt ihr zu nahe,
von *außen* zu fern und dazwischen nicht lang genug auf den Beinen.

Ich muss so vieles – und mich nun auch noch befreien.

Es war einmal ein Christengott. Nun ist er ein Mensch wie du und ich?

Man spielt mit Kindern – kleinen Leuten wird mitgespielt.

Gut ausgedrückte Eindrücke beeindrucken.

Es kommt in Mode, aus der Mode zu kommen.

Christ oder Sozialist? Am weitesten sieht, wer am tiefsten steht.

Hörner, die zum Teufel machen, machen auch zum Ochsen.

Gutes oder Böses tut sich besser, wo es sein Gegenteil vortäuscht.

One essence in one sentence. Die halbe Wahrheit übers Ganze
ist nicht die ganze Wahrheit über eine Hälfe.

Der eine versteht Erklärungen, der andere erklärt dies Verständnis.

Mach dir vor, dir weniger vorzumachen als (ich) mir!

Wer Recht haben will, muss sich unterdrücken lassen.

Demut ist weder demütigend noch gedemütigt.

Ein bisschen Gottesgewissheit steckt in jedem Gewissensbiss.

Das Recht und die Freiheit ist das, was man sich nimmt – vom Nächsten.

Die *unsichtbare Hand* des Marktes wäscht die *eiserne Faust* des Staates.

Denk an deine Gedankenlosigkeit! Am Anfang ist der Ewige,
am Ende Unendliches, doch das Ende eines Satzes sein Gegensatz.

Zu großen und zu kleinen Künstlern kauft man ihre Käuflichkeit nicht ab.

Ist es gerecht, dass der kleine Mann kaum großes Unrecht tun kann?

Der Unterdrückte wirft dem Unterdrücker nur vor,
ihn nicht auch unterdrücken zu können.

Man zerlegt Mutter Natur in stets kleinere Teilchen und größere Kräfte.

Liebe deinen Nächsten wie dich selbst – er kommt nach dir.

Psychiatrie ist das, was immer hinter Paranoikern her ist.

Erfolgloses *kann*, Erfolgreiches *muss* Mist sein.

Moral heißt : Sei gut zur Kuh, damit sie besser schmeckt.

Das Trachten nach Oben macht eher niederträchtig als einträchtig.

Ganz Neues erklärt man nicht durch ganz neue Worte dafür.

Einbildungskraft kann ich mir auch einbilden
und meine Urteilskraft nicht beurteilen.

Vergeht das Übel der Vergänglichkeit mit der Vergänglichkeit der Übel?

Wer hat mehr Verstand, als ihn bei sich nicht zu vermissen?

Wie wahrscheinlich ist nun die Wahrscheinlichkeitstheorie?

Kleine Zufälle sind immer geplant und haben große Pläne.

Man weiß heute fast alles, nur nicht weiter.

Große Kunst ist so selbstverständlich banal wie unverständlich dunkel.

Im Garten Eden wurde nichts angebaut noch auf- und abgebaut.

Das Geheimste ist das, was jeder kennt; was keiner kennt, liegt offen.

Familienleben ist steter Wechsel zwischen Kinderpflege zu Altenpflege.

Grenzen stehen auf beiden Seiten zugleich.

Ewige Suche nach der Wahrheit ähnelt der Flucht vor ihr.

Durch Wissen vereint man sich nicht mit der Welt,
sondern wehrt sich gegen sie.

Die neue Form der Unfreiheit ist wahllose Beliebigkeit.

Der himmelhöchste Turm beginnt mit dem tiefsten Erdloch.

Die längste Leine trägt die Freiheit.

Es gibt nur das Gute und die Bösen.

Der Mensch ist ein Chaos mit Knochengerüst oder ein automobiler Stein.

Dein Leben hat wenigstens einen Sinn für deine Ausbeuter.

Luther schaute dem Volk erst aufs Maul und haute es dann übers Ohr.

Sadisten sind die nützlichen Idioten der Masochisten.

Frei sein heißt tun können, was uns ausgewählt hat.

Moral wird immer gern verachtet,
weil das gemeine Volk moralisch denkt.

Praktiker sind Leute, denen die Wahrheit viel zu theoretisch ist.

Seit ich ohne mich leben kann, sind alle viel netter.

Gott ist allmächtig und sein Ebenbild zu allem fähig.

Werde endlich aktiv, damit niemand merkt, wie wenig du weißt.

Das Interessanteste an den Zehn Geboten ist,
was sie alles *nicht* verbieten.

Sein Amerika findet nur jeder, der sein Indien sucht.

Die Mächtigen der Welt verbessern stets die Welt – der Mächtigen.

Ein Individualist widerlegt als erstes seine Anhänger.

Was man nicht gern tut, ist deshalb noch keine Pflicht.

Ein geschlossenes Gedankengebäude ist nur Schlüssel zum größeren.

Es gibt auf der Welt schon viel zu viele Kinder.
Alle, die zu wenige haben.

Gott sprach vom Fluch des Ackerns, nicht vom Segen der Industrie.

Kultur soll heute schon darin bestehen, sie lauthals zu vermissen.

Kunst, die ihre Interpreten nie interpretiert, hat ihre Deutungen verdient.

Ohne herrschende Stände herrschten die herrlichsten Zustände.

Viele Reden verhüllen nur das Schweigen, in das sie sich hüllen.

Industrieller ist, wer auch fleißigen Handwerkern das Handwerk legt.

Ich vermisse Protestbewegungen gegen die allgemeine Homogentechnik.

Wer arme Teufel für sich arbeiten lässt, arbeitet für den reichen Teufel.

Gegebenheiten sind meist Gestohlenheiten.

Lichtjahrmilliarden sind der astronomische Spitzname des Schöpfers.

In vielen Ehen holen Frauen den Widerstand gegen ihre Verführer nach.

Vereine aller Länder, vereinigt euch gegen die Einzelgänger!

Was vorgestern wirklich passiert ist, erfährt man nur von Propheten.

Lebenserfahrung ist Wissen, wie der Igel läuft.

Sprache und Mimik wurden uns gegeben,
um unsere Gedankenlosigkeit nicht verbergen zu können.

Wer nicht übers Ziel hinausschießt, erschießt es.

Wir sind auf Erden so frei wie der Vogel im Himmel gefangen.

Ein Denker hilft auf die Ursprünge und gibt Prügelknaben Denkanstöße.

Das böseste Mittel, um Mitmenschen zu beschämen, ist Güte.

Komm mal zur Sache und zu Bewusstsein und nicht immer nur zu dir!

Das sicherste Mittel gegen Todesangst war immer Mordswut.

Selbstbeherrschung ist die einzige gesetzlich erlaubte Tierquälerei.

Atombomben beruhen darauf, dass es keine A-tome gibt.

Spieler ist nur, wer lieber verliert, als gar nicht spielt.

Granitbeißer sind Anti-Vegetarier, die Mitleid auch mit Pflanzen haben.

Moderne Gewissheiten sind *Ohropax* gegen die Stimme des Gewissens.

Nur meine Eigenliebe leugnet, alles bloß aus Eigenliebe zu tun.

Mein Tierleben. Ein Fuchs, der sich in eine Gans verliebt, ist ein Esel, und ein kleiner Fisch, der nur Angelhakenwürmer frisst, ein Riesenkamel.

Neurotiker sind Widerstandskämpfer, die für ihre Widerstände kämpfen.

Wer will für Tugenden belohnt werden durch die Erlaubnis zu sündigen?

Arbeiterklassenprimus. Bürger kommen auf Ideen, Proletarier dafür auf.

Dialektik : Hegel macht aus jedem Individuum viel zu viel *Aufhebens*.

Der Vorwurf, ein Vorwurf sei hyperkritisch, ist meist hypokritisch.

Am ältesten werden Menschen, die ihre Pubertät nie erreichen.

Kultur verschafft nun jedem Schund und nicht nur das Recht darauf.

Revolutionen sind Reformfehler und Kommunisten Underdogmatiker.

Marx wollte Unerkennbares verändern, bis Unveränderliches erkannt war. Ein Sozialist ist nun, wer aus dem Antikapitalismus Kapital schlägt, und bliebe aktuell, wenn Arbeiter sich das alles selbst ausgedacht hätten.

Ihr praktiziert eine Weltanschauung, indem ihr an Welteroberung denkt.

Selbsterkenntnis ist erträglich als Nasenlänge vorn im Konkurrenzkampf.

Reine Mathematik, die nicht auf reale Dinge zählt, ist Größen-Wahn.

Angst, verlassen zu werden, ist oft Angst vor dem Wunsch zu verlassen.

Wo es Rahm abzuschöpfen gibt, steigt die Zahl der schöpferisch Tätigen.

Die Form ist im Denken die Hülle des Stoffs – umgekehrt in der Mode.

Stallwärme verbreitet sich rascher als das *Licht der Vernunft*.

Praxis ist Getue mit Prädikat.

Menschen werden alljährlich zu Millionen abgetrieben
und Romanfiguren zu Tausenden erschaffen.

Handeln heißt heute handarbeiten lassen, und Denken heißt Köpfen.

Dass einer schon immer zurückgezogen lebte, steht ihm gut erst im Alter.

Die wichtigsten Werte der Praxis wurden Laborwerte.

Sei zu klein, um zu herrschen, und zu groß, um beherrscht zu werden.
(Ausnahme : Selbstbeherrschung)

Tugenden wären attraktiver, gälten sie für rarste Heldentaten
und Untaten für billigsten Massentand.

Einst stritt die Poesie der Herzen wider die Prosa der Welt, nun kämpft
die Poesie des Kosmos gegen die Prosa der Köpfe – immer vergeblich.

Die Gesellschaft ist die Krebszelle der Familie, und Demokratie wäre
die Herrschaft von Familienvätern über Landesväter.

Der Kopf gewinnt langsam die Ordnung, die das All seit Beginn verliert.

Paradoxie ist die Form, in der Theorien praktisch, Abstraktionen konkret,
Normen normal und Ideen realistisch werden.

Lateinisch „liber" heißt frei *(vrai)* und Buch zugleich.

Baum der Erkenntnis: Wissenschaft von Landschaft ohne Landwirtschaft.

Eva ist lieber mit dem Betrieb verheiratet als für ihre Familie zu arbeiten.

Fortschritt heißt : Alle Menschen werden Big Brothers.

Theologie als forsche Wissenschaft vom Unerforschlichen
ist oft Unwissen vom Erforschlichen.

Um im Leben zu stehen, genügt es nie, den Geist als Gespenst zu sehen.

Die Gedanken sind frei, die großen Denker im Abseits oder Jenseits.

Den meisten Staub der Weltgeschichte wirbelten verstaubte Werke auf.

Mehr als zu 90% Leere : der Weltraum, ein Atom und mein Kopf.

Freud befreit mich von seinem Komplex, Religion sei mein Komplex.

Leben : Der Nachfahre steht vor uns, der Vorgesetzte sitzt im Nacken.

Der Selbstmörder war es müde, nicht zu leben.

Für mehr Freiheit werden immer neue Anstalten gemacht.

Der beste Griff nach den Sternen ist ein rechter Begriff von den Sternen.

Manches Schicksal ist tragisch genug für ein geschicktes Lustspiel.

Gleichschritt, Sturmschritt und Fortschritt auf Stelzen
hemmen den aufrechten Gang wie Besitz und Geldanlagen.

Die Elite will Freiheit für alle(s), das Volk nicht.

Arme bleiben die vielen Kinder, die sie nicht mehr aufziehen,
und Reiche die vielen Lasten, die sie nicht mehr tragen.

Wer seine Verdrängungen rationalisiert, verdrängt auch seine Vernunft.

Schmutzige Gedanken sind ungeklärte Fragen.

Konkurrenzkampf? Den Existenzkampf führt man gegen sein Leben.

Zerstreuungen sind das, was noch nicht zum Professor macht.

Liebe ist, wenn mein verletzlichster Punkt dein Kopf ist.

Nach Platon kopieren die scheinbaren Dinge nur die unscheinbarsten.

Leben heißt : Man hütet das Feuer und sich vor ihm zugleich.

Waren Früchte vom Baum der Selbsterkenntnis auch verboten?

Jugend : vital und dummdreist. Riskante Praxis, bequeme Theorien.
Alter : altklug und rappelig. Kleinmütige Praxis, gewagte Theorien.

Schlagende Beweise – Weisheit von Schlägern.

Armen wird vorgeworfen, keine Bio- und Fair-Trade-Waren zu kaufen.

Die liberale Gesellschaft zeigt unbegrenzte Toleranz für Erniedrigte
und Beleidigte, Mühselige und Beladene, Notleidende und Habenichtse.

Wann nimmt Außerirdisches Kontakt mit uns auf, fragt der Aufgeklärte,
der an Unterirdisches mehr glaubt als an Überirdisches.

Jede Hochkultur verläuft sich im Wüstensand,
und ihr ist jedes freie Individuum der Dreck, den es beseitigen soll.

Der Christ wehrt dem Guten, um es zu stärken,
doch nicht dem Übel, um es nicht zu stärken.

Die Freiheit schützt Reiche immer, das Gesetz die Armen immer seltener.

Religion befreite uns vom Glauben, frei zu sein, wenn wir uns frei fühlen.
Hirnforschung hinkt hinterher.

Was du willst, dass man dir tu, will der andere vielleicht nicht, dass man
ihm tu, und was du mir nicht tun sollst, das soll ich ja vielleicht dir tun.

Gerecht : Wer nicht Herren dient, die zu nichts dienen, verdient nichts.

Auch wer sich dauernd beschwert, kann fliegen.

Man entstammt seiner Familie
und wird von seiner Gesellschaft entwurzelt.

Knechte müssen ihrem Herrn beweisen, dass er es gut mit ihnen meint.

Gnade für mich, Gerechtigkeit für alle andern!

Ungerechte ungerecht zu behandeln, heißt nicht zurecht gerecht.

Ein leerer Kopf ist voller kluger Köpfe.

Eigenliebe wird nicht immer erwidert.

Hochkultur ist der Gipfel der Drückebergsteiger.

Kann man Partei ergreifen, ohne von Bonzen ergriffen zu werden?

Kreativ ist, wer andere Märchen erzählt, als ihm erzählt wurden.

Potemkinsche Christen lassen die potemkinsche Kirche im
potemkinschen Dorf, und Geld regiert die Welt nie als Tyrann.

Konzepte der Praktiker sind so viel wert wie Rezepte der Theoretiker.

Überleben? Schriftlich in Stein hauen, mündlich in Stücke hauen.

Selbstbestimmung ist Selbstvermarktung ist Selbstversklavung heute.

Je mehr Selbstverantwortung für dich, desto mehr Antworten vom Coach.

Nur Weltuntergangstheorien schieben ihn auf.

Fällt dir mehr ein oder siehst du mehr ein?

Man reift nicht mehr durch Schritte, man wird durch Chocs entwickelt.

Unsterbliche Kunst erhöht Lebensqualität,
indem sie Lebensqual verewigt.

Die Hölle hängt voller erster Geigen.

Ein Quäntchen Zufall in geschickten Plänen macht noch kein Schicksal.

Die uns das meiste zu sagen hätten, haben gerade nichts zu sagen.

Bilder und Weltbilder verdecken gern, dass sie Unsichtbares verdecken.

Man sucht und verfehlt heute hohe Gefühle und niedere Gelüste zugleich.

Die Zeit vermisst ihre Leuchttürme, als wären es keine Elfenbeintürme.

Ein tiefer Gedanke, der uns zu hoch ist, ist mehr und anderes
als ein tiefes Gefühl, das er zuweilen verbirgt.

Wie hinterhältig ist *Nachhaltiges*, wer durchschaut die *Transparenz*?

Verbessern astronomische Prognosen astrologische Prophezeiungen?

Moderne Ehrlichkeit gibt Unehrlichkeit offen zu.

Je mehr *der* Mensch kann, desto weniger kann *jeder*mann.

Überanstrengung zu vermeiden, fordert dieselbe schwere Anstrengung,
wie mühelose Leichtigkeit zu erreichen.

Am Gewissen duldet man nur noch die äußere Stimme des StGB.

Kindisch werden nur Alte, die immer schon Kindsköpfe waren.

Mit den Göttern verloren nicht nur Künstler ihre Unsterblichkeit.

Am hartherzigsten sind die Herzlosen.

Schlag die Zeit nicht tot, bevor sie vergeht!

Der Wolf hütet die Schafe vor dem Menschen.

Der Mensch unterscheidet sich von Tieren durch Verfehlungen
wie Befehle und von Robotern durch fehlende Fehler.

Der bloße Geist ist nicht im Norden, weil das nackte Leben im Süden ist.

Mein Weltbild ist eine Kopie nicht der Welt, sondern eures Weltbilds.

Recht bekommt von uns, wer es uns recht macht.

Ohne Kinder bleibt die Liebe auch nicht ewig jung, aber kindisch.

Wo das Fahrrad das Auto ersetzt, ersetzt es auch das Wandern.

Es ist Schicksal, seins nicht zu kennen.

Setz dir Grenzen, um deine nicht kennenzulernen!

Man deckt, was man nicht aufdeckt.

Wer sein Gesicht verliert, muss keine Maske tragen.

Man befreit sich von einem Herrn, um sich einen herrlicheren zu suchen.

Kommt der Tierschutz ohne Pflanzenversuche aus
und der Götterschutz ohne Menschenversuche?

Der Wähler gibt seine Stimme ab und verstummt.

Um Satan nicht zu beschwören, zermalmte Kant keinen Teufelsbeweis.

Ist es mehr als Wunschdenken,
dass es nicht mehr als Wunschdenken gibt?

Wer keine Geheimnisse hat, gibt mehr Rätsel auf.

Wer außer Sartre hat verdient, dass er das Leben hat, das er verdient?

Lieber Kosmologie als Kosmetik, lieber Chaostheorie als Chaoten?
Gute Märchenonkel lauschen nun bösen Märchennichten.

Kurze Sprüche machen Hals über Kopf um einen Kopf länger.

Lass es dir gesagt sein, dann hast du auch was zu sagen.

Arbeiter unternehmen endlich etwas : Unternehmer sind jetzt Mitarbeiter.
Arbeiter wurden Staatsbürger, Besitzbürger wurden Kollaboranten.

Die meisten werden tiefer begraben, als sie geboren sind.

Gerecht : Arbeitern wird der abgeschöpfte Mehrwert stets heimgezahlt.

Die Liebe erkaltet nicht, Mutter Erde erwärmt sich für uns.

Ich stehe auf dem Standpunkt, dass ich nur auf der Arbeitsstelle trete.

Wann bist du geboren, und wann erblickt die Welt dein Licht?

Der reine Theoretiker sperrt die engagierten Praktiker von Babel
in ihren Elfenbeinturm.

Tiefenpsychologie ist kein Umweg vom Krankenbett über Freuds Sofa
ins Himmel- und Lotterbett.

Fürchtegottlieb. Der Ewige hat Humor, Er spottet jeder Beschreibung
durch Wesen, die Er in der Bibel eingehend beschrieb.

Nach 1945 gibt es wieder *regelrechtes* Elend und *regelrechten* Luxus.

Fühlst du dich fremdbestimmt durch meine Selbstbestimmung?

Am stärksten hängt man an seinen Marionetten.

Das Destruktivste zeigt sich in Konstruktionen und Konstruktivisten.

Nur Unprofilierte fallen noch auf.

Eltern erweisen dir die erste Ehre, Kinder die letzte.

Glaube ist der weite Himmel im engen Grab.

His master's voice. Die Jugend tanzt nach der Pfeife der Musikindustrie.

Zivilcourage ist nicht der Mut zur eigenen Meinung,
sondern der Wille zur objektiven Wahrheit.

Demokratie : Der Wille der Mehrheit ist häufig in der Minderheit.

Dass du deine Ketten nicht spürst, beweist, dass du dich nicht rührst.

Wissen beobachtet die Realität so,
wie wenn sie sich unbeobachtet glaubte.

Etwas verstehen heißt nicht verstehen, warum man dafür Verständnis hat.

Leben : Wurzeln dürfen keine Flügel und Flügel keine Wurzeln schlagen.

Was man weise im Kopf hat, weist man nicht von der Hand.

Der Teufel kommt nie in die Hölle, sondern wo er ist, da ist die Hölle los.

Der Beschränkte setzt sich keine Grenzen.

Wer denken kann, ist kein berühmter Denkkünstler.

Wer nicht mitmachen will, muss viel mitmachen.

Auf Erfolge bei Erfolglosen erfolgt Verfolgung durch Erfolgreiche.

Perplexistenzialismus 2000 : Der Mensch ist *zur Freiheit verdummt*.

Kritik und Revolte wurden fortgeschrittene Formen der Anpassung.

Verschlaf die Vergangenheit, träum von Gegenwart, bereu die Zukunft!

Die Krone der Schöpfung residiert in Luftschlössern mit Folterkellern.

Der Tod besteht aus einem Leben nach dem andern,
das Leben aus einem Tod nach dem andern.

Dumme Sklaven zeigen ihre früheren Besitzer an.

Die Wahrheit ist nicht einmal das Gegenteil der Wirklichkeit.

Irren ist menschlich : Menschlichkeit irrt herum oder ist irre.

Denker tolerieren alle, die nicht selber denken (können und wollen).

Geschichte ist Sieg über ihre Schreiber.

Großmut wird Opfer der Besiegten, die sie laufen lässt.

Diplomrentner. Mit der Gesellschaft vergreisen auch ihre Kritiker.

Dem Geist fällt es schwer, mehr zu werden,
dem Leib schwerer, weniger zu werden.

Nicht deine Stärken bringen dich mir menschlich näher.

Einst versinnbildlichte Kunst noch gute Ideen, heute nur Bauchgefühle.

Künstlerische Freiheit ist gebunden an gefesselte Kunden.

Unsterblichkeit macht auch nicht lebendiger.

Halt die Augen offen wenigstens dafür, dass du sie vor allem verschließt.

Schönfärberei als Schönfärberei zu bezeichnen, gilt als Schwarzmalerei.

Der Teufel stößt sich die Hörner ab, um Engel zu spielen.

Geistige Geradlinigkeit besteht aus potentiell unendlich vielen Pointen.

Nach Marx will man die Welt nur noch durch Veränderung interpretieren.

In Gemeinschaft ist man immer unter sich – selbst.

§ 1 : Eine Zensur ordnet an, dass sie nicht stattfindet.

Tautologie heißt : Terroristen nennen Terroristen Terroristen.

Gutes Benehmen ist gut dazu, Gier und Neugier gut zu verkleiden.

Es ist dienlicher, einem einzigen Gott zu dienen
als einer Million Halbgöttern, Diven und *Übermenschen*.

Unser größtes Verbrechen besteht darin, so viele kleine zu begehen.

Gottes Freiheiten liegen nicht in Naturgesetzeslücken.

Im Westen hat heute fast jeder von jedem genug.

Das ist das Drama: Jeder steht im Mittelpunkt und damit mitten im Wege.

Verstand hat, wer mit jeder praktischen Lösung seine Probleme hat.

Das moderne Alter ist die Pubertät des Todes.

Zuweilen ist man bewegt, um sich nicht bewegen zu müssen.

Modernes Leben : Selbstverwirklichungszwang oder Schicksalsplanung.

Sei dir bewusst, dass dein Selbstbewusstsein nicht von dir selbst abhängt
und so viel bedeutet wie Mangel an Selbsterkenntnis.

Erfülle heute deine Bürgerpflicht, indem du dir deine Wünsche erfüllst.

Okkultur. Wissen ist präziseres Unwissen.

Dein Gedanke wird nicht tiefer, wenn mein Abgrund gähnt.

Käufer sind Ästheten, Kunstgewerbler ihre Anästhesisten.

Selbst die Hölle auf Erden wird von Weltverbesserern erschaffen.

Wer auf Reisen erlebt, was man erlebt haben will, sollte zuhause bleiben.

Früher lag die Wahrheit in einer Theorie, heute nicht mal in der Realität.

Die Menschen kennt, wer sich keinen ansieht und anhört.

Pragmatische Praxis ist viel unbegreiflicher als gute reine Theorie.

Wer zu seinem Recht kommt, kommt noch lange nicht zurecht.

Man muss nicht den Kopf verlieren, um den Bauch wiederzufinden.

Was gibt es (zu denken)? Leider ist verklemmte Wahrheitsliebe nicht zusammen mit der Geschlechtsliebe ein straffreies Muss geworden.

Man will von dir verstanden werden und fürchtet deinen Verstand.

Freiheitsreden werden gehalten, wenn Redefreiheit schon herrscht.

Sartre : „Die Hölle, das sind die anderen" im Himmel.

Wer gut abschneidet, kastriert.

Gut bist du, wenn es dir schlecht geht, damit es mir gutgeht.

Demokratie ist formvollendete Bitte an Diebe, mit ihren Opfern zu teilen.

Manches Mitleid leidet mit Neid.

Welche Bücher handeln nicht mit dem, wovon sie handeln?

Moderne Gotteshäuser wirken wie von Atheisten entworfen, modernisierte Freudenhäuser wie von Asketen.

Wer den *sechsten Sinn* sucht, hat an seinen fünf Sinnen schon zu viel.

Einst hielt man sich den Leib vom Leib, heute Seele, Geist und Gott.

Die Idee verhält sich zur Realität nun wie Schlagsahne zum Schlagwort.

Die Logik ist ein Wahrheitsknigge, wie der Kopf im Leben vorankommt,
indem er konsequent nur die Formen wahrt.

Wo sind Nacht und Wahnsinn besser aufgehoben als bei Rationalisten?

Seit dem Antiautoritätsverfall sind Pädagogen keine Pädophilister mehr.

Wer in Gedanken verloren ist, muss sich nicht in Gefühlen wiederfinden.

Man fürchtet nicht mehr den Vater in seinem Chef,
sondern in seinem Vater de(ss)en Chef.

Beschreibe eine Bewegung : Führe sie aus, indem du sie schilderst o. u.

Deine Stimmung stimmt stets der Stimme deines Herrn zu,
die über deine Befindlichkeiten befindet.

Sozialamt : Wohlstandgericht.

Das Gute stößt ab, da es anstrengt;
das Schöne zieht an, weil es entspannt.

Man zeigt wieder Gefühle. Man verbirgt seine Gefühllosigkeit.

Alle im selben Boot : jeder gegen jeden.

Wer zu ihnen geht, kommt unter Menschen.

Buddhismus? Was vergeht, war wert, dass es zur Strafe wieder entsteht.

Arbeiter sind Menschen und Maschinen, weil sie beides bedienen.

Scheitern wird erträglicher, wenn man es schafft,
keine Chance gehabt zu haben.

Ein Angler, der große Fische fangen will, nimmt keine Bücherwürmer.

Die Gesellschaft ist nur das Gesellenstück des Menschen;
Meisterschaft ist Einsamkeit, die kein Lehrling erträgt.

Umwelt ist die neueste Hinterwelt, die von abgetriebener Mitwelt ablenkt.

Ich fürchte nur die Angst der Umwelt(vor)schützer vorm Waldsterben.

Ausdrückeberger müssen keine Eindrückeberger sein – und umgekehrt.

Akademiker sterben nicht. Sie versammeln sich zu ihren Doktorvätern.

Die Schwächen der Starken sind noch nicht die Stärken der Schwachen.

Ein Buddhist löst jede Aufgabe, indem er aufgibt und sich davon erlöst.

Eva verbindet sich mit Adam von alters her – nur ihre Wunde.

Kultur ist nicht das, was der Bauer hätte, wäre er Agrar-Ökonom.

Englisches Urvertrauen & Co. : *Basic Trust Ltd.*

Herr ist, wer das Opfer fordern kann, das andere ihre Forderung opfern.

Alte Köpfe sagen nein, indem sie unbeherrscht wackeln.

Leben ist Radfahren: Wer nicht tritt, fällt um; wer tritt, wird umgefahren.

Die Vorsehung weiß schon, wann du frei handeln wirst.

Statistiken erzeugen den idealen Durchschnittsmenschen, der sie erhebt.

Alle Menschen sind gleich : Gewöhnliche Sterbliche leben ebenso oft
über ihre Verhältnisse wie außerordentliche Leute unter ihrem Niveau.

Raketen : Etwas, das in die Luft geht, kann selbst in die Luft fliegen.

Jedes der beiden Geschlechter liebt es heute,
sich mit dem anderen vor dem anderen zu tarnen.

Sozialismus kann mit den Produktionsmitteln nur Staat machen.

Der Zeitgenosse nach Darwin stammt ab vom Gott der Affen.

Was nur Hände und Füße hat, hat deshalb noch nicht Hand und Fuß.

Christentum kompakt : Behandle mich wie dich und dich wie mich!

Teilen viele einen Standpunkt, stehen sie auf vielen Standpünktchen.

Spiegel, die nicht nur Opfer zeigen, sind noch zu erfinden.

Was in Gedanken schon Wirklichkeit ist,
ist in Wirklichkeit noch gar kein Gedanke.

Einstein : Früh krümmt sich, was ein uralter Weltraum werden will.

Das einzige *Perpetuum mobile* ist die ewige Suche danach.

Ich liebe fremde Länder. Dort kann ich meine Heimat lieben.

Nachhaltige Philosophen kämpfen gegen Hinterweltverschmutzung.

Der Mensch ist von Natur aus gut. Wenigstens im Lügen und Betrügen.

Alte Naturfreunde backen sich auch ihr Gnadenbrot lieber selbst.

Das Land, wo Milch und Honig fließt –
für Rindviecher und Arbeitsbienen.

Um einen Sturm im Wasserglas zu entfachen,
muss man es nicht in den Sturm stellen.

Du kannst nichts dafür, ja, aber etwas mehr dagegen darfst du sein.

Wer Mikroskope durch Teleskope betrachtet,
sieht die Welt nicht richtiger.

Kinder haben die ganze Vergangenheit ihrer Eltern,
Lehrer und späteren Chefs noch vor sich.

Um glücklich zu sein, müssen Rindviecher kein Schwein haben.

Wer sich an jugendliche Zukunftsträume erinnert, lebt in der Gegenwart.

Leben ist ein einziger Flügelschlag ins Fruchtwasser.

Wie vieles tun wir, um es nicht kapieren zu müssen.
Dreh den Satz um, und du nickst leichter.

Am eigenen Schopf aus dem Sumpf zog Münchhausen sich
durch dieses Lügenmärchen.

Die Welt ist voller Widersprüche. Wie kann da eine Theorie wahr sein,
die es nicht einmal zu Widersprüchen bringt?

Wer sein Herz ausschüttet, hat noch keinen Tropfen Blut gespendet.

Die meisten Rezepte sind geeignete Grabsprüche.

Interpreten können nur auslegen,
wie sie von Künstlern reingelegt wurden.

Kritik der Jugend am Alter ist Selbstkritik a priori.

Ein Christ sieht stets ein langes Leben vor sich und ein kurzes hinter sich.

Eine Sache mag Hand und Fuß und eine Ursache einen Bart haben,
ihre Urursache hatte Flossen und Schuppen.

Wer mich treffen will, muss mich nur übertreffen.

Sei klüger als dein IQ und nicht so schlau wie dein Irrationalismus!

Der eine will eine pluralistische Welt,
der andre viele monistische Welten.

Besser christliche „Moral der Schlechtweggekommenen"
als Nietzsches Amor(al) der Zugutwegkommenden.

Leben zu viele Menschen?
Zu wenige, um die zu übertönen, die das sagen.

Wer setzt dem *unbekannten Denker* mal ein bekannteres Denkmal?

Große Vorzüge spiegelt vor, wer nicht mit kleinen prahlt.

Eine Theorie, die gesellschaftlich funktioniert, ist damit widerlegt.

Aristokratische Form der Ungleichheit : Freiheit von … und zu …

Ich bin nicht geisteskrank, ich könnte Bäume der Erkenntnis ausreißen.

Philosophen gewinnen alle Denkprozesse,
die sie gegen ihre Themen führen.

Zwischen Sozialschichten gibt es schon einen Lasterausgleich.

Alle schwitzen – der Dümmere bei der Arbeit, der Klügere in der Sonne.

Im lieben Nächsten lieben wir weniger die Antworten auf unsere Fragen
als die Fragen nach unseren Antworten.

Sein Herz verschenkt man nur noch an seinen Transplanteur.

Die Weltbesten in jeder Disziplin sind die besseren Weltverbesserer.

Ein Esel, der sich für ein Kamel hält,
gewinnt wenig durch Psychotherapie.

Praktiker realisieren Ideen, um sie dadurch zu verstehen. Theoretiker verstehen an Ideen nur, was zu gut ist, davon realisiert zu werden.

Schuetts Tierleben. Eine Ameise mit Bienenfleiß hat eine Meise.

Manche Träume sind Schaumbäder zu zweit.

Das einzige Band zwischen Gastarbeitern und inländischen Arbeitern sei das Fließband, sagen Unternehmer.

Mancher steckt den Kopf in den Sand, den er andern in die Augen streut.

Psychoanalyse ist Passion für fremde Passionen, soweit sie (die Zensur) nicht passieren, und nicht die Wissenschaft von Sigmund Freuds Seele.

Durften wir uns gerade noch retten,
bevor wir das Paradies zerstört hatten?

Bevölkerungsexplosion der Armen? Die Reichen schießen zurück.

Frei ist nicht einmal der Kampf gegen Unfreiheit.

Die Rückseite der Dinge ist für dein Gegenüber oft die Vorderseite.

Vier Erkenntnistheorien : Jeder (v)erkennt, wie er die Welt (v)erkennt.

Feyerabends Methodenpluralismus : Rien ne va plus when anything goes.

Meint der Name mit der Sache ihre potentiell unendlich vielen Teile mit?

Physiker helfen uns nur noch auf die Quantensprünge ins Endlose.

Wer nur träumt, dass er träumt, steht deshalb noch nicht voll im Leben.

Autonomie heißt nie, dem eigenen freien Willen freiwillig zu willen sein.

Gütig sein und darin der Beste sein wollen, ist moralisch paradox.

Der Kranke hat keine Welt-, sondern eine Zimmeranschauung.

Etwas *fertigmachen* heißt, es vollenden und zerstören zugleich.

Ich bin eifersüchtig, weil du schon einen andern liebst – dich selbst.

Auch der Abgrund hat einen Deckel. Das ist der Boden der Tatsachen.

Auch Verbrecher wollen keinen Polizeistaat.

Wer keine Stromschläge kriegt, hat noch nie eine Wirklichkeit berührt.

Der Zerfall ist die natürlichste Form der Analyse.

Wer inkognito bleiben will, muss nur seine Maske absetzen.

Erleuchtet wirst du nur von dem Blitz, der dich treffen soll.

Jeder ist so frei, sich zum Produkt der Gesellschaft zu machen,
doch wer nur in Ruhe nachdenkt, begeht schon Irrenhausfriedensbruch.

Mit heutigen Ehepartnern kann man nur trojanische Pferde stehlen.

Es gibt nichts Bestes, außer man lässt es.

Wieviel Kapital (ver)braucht der Antikapitalismus?

Ein schlechtes Gewissen macht ein gutes.

Der Existenzkampf entscheidet sich selten fürs Unentschieden.

Open access. Das *Buch der Natur* genoß mal Urheberrechtsschutz.

Spiele(n) kann man mitspielen, doch mit Spielen nie spielen.

Du bist jedem böse, dem du nichts Gutes tust.

Der eine sieht es, der andere sagt es, wenn er etwas *bemerkt*.

Nur Gewalt zwingt, auf sie zu verzichten, und nach Kriegen ist gut reden.

Ein Bösewicht tut Gutes, indem er Konkurrenten bekämpft.

Wir sind so frei, Gutes zu tun, und so böse, unfrei zu handeln.

Viel reinen Wein einschenken macht auch besoffen.

Realismus ward unsere einzige Realität, Naturalismus unsere Natur.

Der Verstand rebelliert gegen Vernunft wie Sinnlichkeit gegen Verstand.

Die Logik ist noch analog, Analogie schon digital.

Um Pessimist zu sein, bin ich zu pessimistisch.

Unhaltbare Zustände halten am längsten.

Komm in die Gemeinschaft – geh in ihr auf und unter!

Wissen ist nicht mehr der Lohn der Forschung, sondern ihr Preis.

Maler machen bis zur Scherzgrenze unsichtbar, was sie abbilden.

Theorie sucht das Wahre, Praxis findet die Ware.

Wer mehr Probleme liebt als löst, fragt Künstler.

Auch Lustschlösser bauen sich noch Luftschlösser.

Das Leben erfüllt viele Wünsche um den Preis, sie zu entwerten.

Kultur : Vom Weltbild über Weltschnappschüsse zum Umweltvideo.

Liebe deine Feinde! Das vernichtet sie.

Für das Gute, das du mir tust, liebst du mich mehr
als für das Gute, das ich dir tue.

Mancher Rebell steckt den Kopf in den Sand,
den er ins Getriebe wirft.

Mikroben, nicht große Taten und Werke, überlebten alle Weltreiche.

Effizienzzwang, nicht Humanität, befreite die Sklaven.

Für welche Ausbeute lässt du dich freiwillig ausbeuten?

Medien tun mehr gegen Bildung als Bücher dafür.

Was man in der Geschichte vergessen will, muss man nur aufschreiben.

Gott ist tot? Erst mundtot gemacht, dann totgesagt, dann totgeschlagen,
dann totgeschwiegen – und dann dein Totengräber.

Ist alles nur Projektion, dann auch *das*, und *dass* Gott nur Einbildung sei,
ist ja dann auch nur Einbildung.

Computer wollen das Klima in drei Jahrzehnten wissen
und können nicht mal das Wetter in drei Tagen prophezeien.

Scheinheilige im Leben fürchten den Scheintod im Sarg.

Philosoph : Weltbeleuchter als Blickwinkeladvokat.

Noch im 19. Jh. waren Akademiker Christen, nun sind sie A(nti)theisten
– Früchte tiefen Nachdenkens.

Erst nimmt dir die Macht, dann der Tod alle Entscheidungen ab,
die über die Wahl zwischen Waren hinausgehen.

Man leidet unter Besseren wie unter Böseren.

Sklaven schufen Adelsmuße, Maschinen schaffen Bürgerfleiß.

Durch Religion wollen sich die Guten besser machen,
die Schlechten nur besser fühlen.

Nur der erste Edelmann kann es sich leisten, wie der letzte Landmann
aufzutreten. Die Etikette ist für alle dazwischen.

Sucht man Gemeinschaft, um ungestraft gemein zu sein,
und die Einsamkeit, um unwidersprochen gut zu sein?

Leben : Lieber nichts Ungewolltes haben als Gewolltes nicht haben?

Heut ist man lieber freiwillig im Unglück
als zu seinem Glück gezwungen.

Gefahr sieht der Künstler im Misserfolg und droht ihm vom Erfolg.

Hegel brachte System in den Geist, Schlegel Esprit ins System.

Heut wird man zum Objekt gemacht,
indem man zum Subjekt erklärt wird.

Sei reicher, als Feinde fürchten, und ärmer, als Erben hoffen.

Wer die Macht bekämpft, kämpft für die Ohnmacht.

Recht ist nicht Rache, aber ihr gutes Gewissen.

Kriminelle wären zum Krimischreiben zu verurteilen.

Du rührst dich wenig, da es schmerzt,
und es schmerzt, da du dich wenig rührst.

Der Stechschritt vom Ganzheitlichen zum Totalitären geht nicht weiter
als der Fortschritt vom Organismus zur Organisation.

Aus etwas Falschem folgt alles, Wahres wie Falsches, also nur Falsches.
Also ist alles falsch. *Q.e.d.*

Man besitzt sogar Verluste : Man *hat* gehabt.

Man liebt und hasst jetzt ganz gerecht – *ohne Ansehen der Person.*

In einem Buch taucht die Welt auf, damit das Buch in der Welt erscheint.

Die Arbeiterin *emanzipiert* sich von Familienbanden für das Fließband.

Nun mal los! Handeln sucht Probleme loszuwerden, ohne sie zu lösen.

Einst war Natur ganz unmoralisch, nun ist Unmoral ganz natürlich.

Wer noch zum Arzt gehen kann, ist dafür noch nicht krank genug.

Arbeit ist Flucht vor oder Erholung von der Kunst (spielende Mühsal).

Kant erklärte mich zum intelligiblen Gesetzgeber,
der sich zum empirischen Gesetzesbrecher macht.

Ein Problem ist dein größtes, außer du löst es. Es gibt nichts Bestes,
außer man lässt es, und es gibt nichts Schlimmstes, außer du nimmst es.

Mit Sitz im Satz. Stell oder leg fest, dass nichts mehr feststeht als festsitzt.

Nichtlineares Chaos ist primitiv,
einfaches Gefühl *neuronal überkomplex.*

Weltereignisse wurden Kleinkram, Haarrisse sind die Apokalypsen.

Gesellschaft : Besserer Katastrophenschutz schafft bösere Katastrophen.

Welche Dunkelverliese erlösen von totaler Freiheit des Beliebigen?

Theorie & Praxis. Denken heißt „Kopf hoch", Handeln heißt „Kopf ab".

Wer nicht viel denkt, lebt weniger als einer, der nichts als denkt.

Ist schneller Sieg über Schlechtere besser als Dauerstreit mit Besseren?

Ein besseres Buch ist die bösere Rache an den Lesern.

Als klein gilt, wer seinen Verdienst nicht kleiner sieht als sein Verdienst.

Du bist abhängiger von denen, die von dir abhängen.

Aus Falschem folgt auch Wahres, aus Wahrem nichts Falsches :
Aus allem Falschen folgt alles, das Wahre wie das Falsche. *Q.e.d.*

Der Mittelständler wird als Sklave gehalten, der Sklaven halten darf.

Goethes „Faust" zu schreiben, war gar keine Kunst : Bei *dem* Talent!

Der Markt produziert Junkies, die nicht mehr missen können,
was sie nie vermisst hatten.

Ich kann etwas denken, da es da ist, und es ist da, da Gott es gedacht hat.

Sprache : Der Mensch ist ein Maulheld, der vom Maulaffen abstammt.

Ein Volk der Dichter *und* Denker wäre ein Volk von Aphoristikern.

Immer spielt man einen Menschen, der den Menschen nicht nur spielt.

Heimat? Deutsche sehnen sich dauernd dorthin,
wo sie sowieso schon lebenslänglich sitzen.

Man denkt mit Ellbogen und handelt mit Köpfen.

Ein Sakrament wird bald zu dessen Sakrileg.

Man soll mehr als zwei Herren dienen und sie gegeneinander ausspielen.

Fans verraten dich, Gegner bleiben dir treu.

Beamte sind der Adel der Demokratie und bummeln sich an ihr 1789.

Wieviel Herzlosigkeit doch ins kleinste Herz hineinpasst!

Die schönste Rose hat schmutzige Wurzeln,
das niederste Geschöpf den höchsten Schöpfer.

Nur ein Mensch kann Affe, Schwein, Esel, Wolf und Schaf werden.

Erträgst du nicht mehr das Nichts, das du vor der Kunst bist,
hast du sie verstanden. Gute Kunst macht schlechtes Gewissen,
das Verwundete zu Bewunderern macht.

Durch Brillen fällt mehr Scheiße ins Auge,
als Klobrillen zu sehen kriegen.

Todesstrafe steht nur auf Bereicherung der Armen
auf Kosten der Reichen.

Die Arbeitswelt macht krank : Der Klügere gibt nach.

Macht hat, wem keiner sagt, was er kann.

Versammlungsfreiheit ist kein Zerstreuungszwang.

Der Geist sieht, warum und wozu das Auge etwas (nicht) sehen kann.

Ein Atheist glaubt, es sehe Gott, wer ins Leere blickt.

Der Philosoph ist ein Psychiater, der Geisteskrankheiten diagnostiziert,
wo andere den gesunden Menschenverstand sehen – oder umgekehrt.

Autoren schreiben zu viel, ihre Leser zu wenig.

Ein reiches Innenleben wähnt, es gebe mehr Meereswelt
im Wassertropfen als Wassertropfen im Weltmeer.

Nietzsche : Sitzzwerg auf den Schultern seines Übermenschen.

Die Arme der Armen reichen den Reichen die Reiche, bis es ihnen reicht.

Arme, die Reiche mimen, wetteifern mit Reichen, die Bettler spielen.

Feigheit hüllt sich in Menschenwürde und Buchumschläge.

Frei fühlt sich, wer nicht weiß, was er morgen tun wird.

Wer zu sich kommt, kommt noch nicht zu Bewusstsein,
und wer zur Vernunft kommt, noch nicht zur Sache.

Wissenschaftler verwandeln Praxis und Fakten in Theorietests.

Demokratie : Selbstbeherrschung des Volkes.

Arbeit vertreibt die Langeweile zwischen Wunsch und Nichterfüllung.

Willensfreiheit ist die Wahl einer ganzen Partei.

Der Gerechte, der dem Allmächtigen gefällt, missfällt allen Mächtigen.

Lüstlinge ergreifen, Liebende sind ergriffen.

Für Abhandlungen ist der Grund einer Handlung ein Grundsatz.

Wer alle übertrifft, die ihn übertrumpfen, hat überlegt.

Der Gelehrte soll auch praktisch sein, der Praktiker aber nie gelehrt?

Leere Taschen. Du spürst deinen leeren Bauch, nicht deinen hohlen Kopf.

Seine Opfer machen den Kritiker unsterblich.

Gedemütigt ist, wer das genießt.

Wer sich seines Lebens so sicher wäre wie seines Ablebens!

Unbrauchbare wissen niemanden zu gebrauchen.

Freunde inspirieren sich nicht. Liebe deine Feinde!

Die *Sieben Todsünden* wurden Karrieretipps:
Hoffahrt – gesundes Selbstbewusstsein
Geiz – gesunde Geilheit und Sparsamkeit
Unkeuschheit – gesundes Liebesleben
Neid – gesunder Konkurrenzeifer
Maßlosigkeit – gesunder Selbsterhaltungstrieb
Zorn – gesunde Aggressionsabfuhr
Trägheit – gesund entschleunigte Gelassenheit

Die Allgemeinheit weiß nichts Allgemeingültiges,
das zweifelhafte Individuum im Allgemeinen auch nicht.

Die Schöpfung ist ein Todesurteil über unsere Urteile,
und jedes Weltbild verurteilt dieses Urteil.

Bürger haben von Poesie nichts als ein unklares Bild von Unklarheit.

Vorurteile werden am sichersten verurteilt von Vorvorurteilen.

Die klare Sprache verschweigt die unklare Sache und umgekehrt.

Macht macht sich gerecht als Gegengewalt.

Bilder beurteilen so wenig, wie Begriffe ausdrücken.

Gott heißt, wonach auch Vollkommenes sich sehnt.

Ich press dich an mich, damit du mich nicht (an)rührst.

Deine Werte und Prinzipien kennst du besser als dich.

Erst will man, dann kann man, dann darf man,
dann muss man, dann will und kann man nicht mehr.

Bessere Menschen sind unbrauchbarer, nützliche schlechter.

Störer werden zusammen mit Zerstörern vernichtet
und Zweifler zusammen mit Verzweifelten behandelt.

Die einander nicht enttäuschen, täuschen sich.

Wer auf Widerstand stößt, erfährt eher die Wirklichkeit
als die Wahrheit über sie.

Über deine Quälgeister weißt du zu viel, über deine Wohltäter zu wenig.

Schutz kostet so viel Gehorsam, dass Unbotmäßigkeit oft sicherer ist.

Am meisten stört Egoismus an Klugen.

Tollkühnheit ist leichter als Tapferkeit, Askese leichter als Familienleben.

Lieber alle rühmen als keinen rügen!

Um ein besserer Mensch zu sein, genügt es kaum, sich schlecht zu fühlen.

Jedes Argument für etwas nährt den Zweifel daran.

Der Kopf schmerzt von Nebenwirkungen
der Seelen- und Naturheilmittel.

Wer sich auf Erden fremd fühlt, fiel deshalb noch nicht vom Himmel.

Geschlossene Augen sehen eher schwarz als die Nacht.

Wissenschaftler befreien uns von der gefürchteten Willensfreiheit.

Offen zeigt man nur alles, was nicht alles offen zeigt.

Wer selbst einen Einfall hat, grübelt andern eine Grube.

Utopia erreicht jeder, seine Heimat keiner.

Tyrannen züchten Terroristen, um uns vor ihnen schützen zu können.

Freier Wille wählt den Grund, aus dem er etwas getan haben will.

Gelassenheit will vor allem aus der Fassung bringen.

Jeder fordert, was ihm fehlt, Mut, Toleranz und Gerechtigkeit.

Weder das Kapital noch „Das Kapital" nährt die Armen, die es schufen.

Märchen erzählen Kinder von ihrer Zukunft, Greise von ihrer Kindheit.

Lebenstüchtigkeit ersetzt heute Lesefähigkeit durch Schreibschwäche.

Atombomben beweisen nicht, dass wir aus den Atomen bestehen,
in die sie uns zerlegen.

Offen wird diskutiert unter Ausschluss geschlossener Gesellschaften.

Vielerlei Schmutz bekämpft *eine* Reinheit.

Ich will weder Krieg noch Frieden. Und kriege Krieg mit beidem.

Bürger sind geschmeichelt,
dass verhinderte Lustmörder in ihnen stecken sollen.

Was in der Vergangenheit geschah, prophezeien Zukunftsplaner.

Nur Dummheit bekämpft Dummheit.

Der Gerechte muss leiden : Wer nicht leidet, tut Unrecht.

Droben ist Draußen: In Truppen wird man Kommandeur wie Deserteur.

Ohne Fortschritte kämen wir überall hin.

Das größte Wunder liegt vielleicht darin, dass keine geschehen (müssen).

Gesellschaft heißt : „Mein Herr, Sie sind mein Knecht !"

Etwas tun heißt, den Lauf der Welt auf sich richten.

Kleine graue Zellen sind Kerker, der aus größten Kerkern befreien.

Das einzelne Kollektiv besteht darauf, aus Individualisten zu bestehen.

Im Alter ist nicht mehr in Ordnung, was lange noch nicht in Ordnung war

Manches Totgesagte sagt wirklich nichts mehr.

Liebe 2020 : Selbsterfahrungskurs zwischen Autisten.

Deine längst antiquierten Bücher verkaufen sich besser und teurer.

Gold wirkt nicht echt, saubere Umwelt nicht natürlich genug.

Jedes Original scheint eine erste Kopie.

Das Geld liegt auf der Straße. Wer keins hat, auch.

Gegen die meisten Krankheiten hat der Arzt nichts.

Leben : Entweder du bekommst etwas nicht, oder es bekommt dir nicht.

Mit offenen Augen kann man kein Auge zutun.

Er lockte sie in sein Bett, um ihr seine Briefmarkensammlung zu zeigen.

Anliegen? Geldleute legen gern in Kunst an, die auf sie anlegt.

Die schnelllebigste Zeit wird von der jüngsten Vergangenheit
langsam überholt.

Sei stolz, dass deine harmlose Post überwachungswürdig wirkt.

Mach dich oft zum Narren, damit du keiner bist.

Ich bin Junggeselle und meine Gattin Single.

Menschenliebe ist eifersüchtig auf alle, die sich und einander lieben.

Christen und Atheisten halten Stammbäume des anderen für Angeberei,

Viel Kaffee regt auf. Auch wenn man ihn nicht bekommt.

Nur Unmündige machen noch den Mund auf.

Weltbild : Je mehr wir auf Bildern sind, desto weniger im Bilde.

Psychologische Entschlüsse verschließen sich gern logischen Schlüssen.

Der Tiefpunkt des Lebens ist stets auf der Höhe der Zeit.

Der *Homo erectus sapiens* zeichnet sich aus
durch aufrechten Wolf- und Hintergedankengang aus.

Heimat? Seelischer Überbau des Wohn- oder Geburtsortes:
als Welt zu klein, als Weltbild zu groß.

Aufklärung wird immer obskurer, Esoterik immer wissenschaftlicher.

Mein Wissen dient dazu, Lexika zu testen.

Ein Traum bedeutet nur, dass man nur geträumt hat.

Gern etwas vorschreiben lässt man sich nur von guten Autoren.

Meinungen werden gern geteilt, z.B. die Meinung des Chefs.

Schwere Arbeit werde besser bezahlt, und Anfängern fällt alles schwer.

Bloßes Leben macht aus Gottes Erdenkloß menschliche Trauerklöße.

Gebildete sind erkennbar am Stolz auf Unwissenheiten.

Man erforscht noch, was man Unerforschliches erfinden könnte,

Der Künstler kränkt uns, sein Biograph rächt uns.

Man treibt Unzucht, um nichts als den Verstand zu verlieren,
und Mathematik, um alles außer dem Verstand zu verlieren.

Nichts verschwendet Besseres besser, als sich dafür aufzusparen.

Geist ist Notdurft für den, der im Überfluss lebt, und Luxus der Armen.

Der Fachmann pariert besser als der Blödmann.

Befrei dich von dem, der dich schon frei nennt.

Naturwissenschaft unterjocht die große Natur,
Geisteswissenschaft den großen Geist.

Benutz mich nie als Mittel für meine Zwecke.

Wer dumm ist, bestimmen die, die sich nicht dafür halten.

Man rügt lieber die Schwächen der Besseren,
als die Stärken der Schlechteren zu rühmen.

Positur: Wer gestanden hat, dass er sich umgelegt hat, muss nicht sitzen.

Gedanken sind so tief wie unser Schlaf,
unsere Seufzer und Gottes Schweigen.

Hirnforscher haben nur noch Gehirn im Kopf.

Zeit heißt : Vorrangiges kommt vorher, doch Erstklassiges zuletzt.

Die Welt besteht so wenig aus Atomen wie eine Tasse aus Scherben.

Überlebst du in zehn Büchern, zu denen du wurdest,
oder in zwei Kindern, die dich beerdigen?

Der allseits Beliebte wird gehasst wie die Pest.

Alte werden wie Kinder, sie lernen fürs ewige Leben.

Dein Egoismus dient der Gesellschaft wie deine Selbstlosigkeit dir selbst.

Arme schuften weniger, als sie wollen, Reiche mehr, als sie müss(t)en.

Kafkaesk wird es, wenn man Kafkas Probleme hat ohne Kafkas Talent.

Der Furchtbare und der Furchtsame sehen sich – wie im Spiegel.

Dummheit besteht darin, sie zu bekämpfen.

Herren haben sich noch nie totgelacht. Knechte hatten zu wenig Witz.

Die Menge erzählt : Jedes Individuum zählt – alle und sich dazu.

Liberté, égalité, fraternité : Entfesselung, Gleichschaltung, Ermordung.

Du willst deine Wünsche geschickt erfüllen
und erfüllst nur dein Schicksal.

Drei Geisteskrankheiten der Moral : Der Wahn, gut zu sein,
die Manie, besser zu werden, und die Depression, schlecht zu sein.

Ihr Unwesen, das sie treibt, ist gerade nie das Unwesentliche
an der Sache.

Revolution beginnt mit schreibenden Sklaven
und endet nicht mit fernsehenden Shoppern.

Gegengeschenke ersparen die Dankbarkeit.

Bitte jeden um Verzeihung, den du nicht kritikwürdig fandest.

Reduktion ad absurdum : $(p \rightarrow \neg p) \rightarrow \neg p$.&. $(p \,\&\, \neg p) \rightarrow \neg p$

Autonomie ohne Automobil und Automaten ist heute bloß Autismus.

Nach welchen Gesetzen entstanden alle Gesetze des Alls?

Die Welt könnte es gar nicht geben, wäre sie so, wie wir denken.

Auch du existierst nur, weil alles anders ist, als du glaubst.

Ich möchte lieber wissen als glauben müssen, weiß aber nicht mal,
was ich glaube, und glaube zu wissen, weiß jedoch kaum zu glauben.

Man weiß umso mehr zu schreiben, je weniger man tun zu können glaubt.

Deine Freiheit ist das Schicksal, das dein Schicksal sich selber auferlegt.

In Kants Ideen war für seine Zeit schon zu wenig
und ist für unsere Zeit noch zu viel Gott.

Niemand macht sich die Hände schmutziger als reine Kopfarbeiter.

Man is no thing, but nothing else.

Tourist? *Man* reist anders, als *man* reist.

Man verzweifelt am Glauben, glaubt aber seinen Zweifeln
(und anderen Ungläubigen).

Was macht der Mensch nicht alles mit der Welt (mit)?

Inspiration schreibt nur ab, aber wer nicht kopiert,
ist eher ein Original als originell.

Verdient euch die Schicksalsschläge durch genug Sünden!

Kunst ist gut, *obwohl* man sie rühmt, und ist Kitsch, *obwohl* man sie rügt.

Sexuelle Aufklärung, klar, ist der aufregendere Sex.

Zeit ist der Wettkampf mit dem Menschen, wer wen totschlägt.

Leben heute : Büffeln, schuften, poppen, shoppen, sabbeln, abnippeln.

Bist du noch aktiv, oder denkst du schon nach?

Kulturbetrieb empfiehlt Bücher denen, die er zu Analphabeten macht.

Entweder bist du intakt oder im Takt.

Kunst gestaltet die Widerstände gegen die Gestaltung ihrer Gegenstände.

Was mehr ist als Geld, wird ohne Geld nichts.

Man muss eher Gedankenlosigkeit lesen können.

Als frei gilt nun der Sklave seiner Triebe, als unfrei,
wer seinem Gewissen folgt und sich beherrscht.

Wer nach allem greift, begreift nichts; wer alles erfasst, fasst nichts an.

Wem reicht sein Bankvermögen so wie sein Denkvermögen?

Dass ich dich so mühsam gewonnen habe,
macht dich mir wert – und sollst du mir büßen.

Zu viele Bücher in der Welt, zu wenig Nachwelt in den Büchern.

Nicht jeder ist gut, der sich schlecht dünkt,
nicht jeder dumm, der sich klug deucht.

Mein Leben begann mit abgeklärten Gedanken
und wird mit kindischen Gefühlen enden für die Zeit danach.

Nennst du dein Herz, was kopflos im Hirn liegt,
und dein Köpfchen, was herzlos im Bauch sitzt?

Mucker mucken nie auf.

Herzensbildung ist nicht mal Halbbildung, die sie ersetzen will.

Gott denkt, er mache vor, sein Ebenbild macht sich vor, es denke nach.

Die Utopie liegt darin, materiell so genügsam wie geistig zu werden.

Kreise mehr um dich selbst, bis du aufrecht gehst und stehst.

Astronomie ist das Gebot, sich vom Himmel kein Sternbild zu machen.

Mit aufrechtem Gang beginnt der Aufstiegswille des Lebenslaufs.

Flachsinn füllt Täler mit Bergen.

Wirklichkeit ist die Hauptursache ihrer Nebenwirkungen.

Mit dem Kopf lieber durch die Decke als durch die Wand?

Gottesbeweis : Der Glaube, auch ohne Ihn auszukommen
und sein Auskommen zu haben.

In eigenen Kindern zeugst du weitere Ebenbilder (deines Schöpfers).

Modern ist der Bedarf, sich von seiner Erlösungsbedürftigkeit zu erlösen.

Wer sich die Freiheit nimmt, nimmt sie sich und andern ab und weg.

Geht dir auf, warum und wozu logische Gleichungen mal aufgehen?

Sind Logiker Naturwissenschaftler des Geistes
oder Geisteswissenschaftler der Natur?

Lasst lieber den frei, der sich selbst beherrschen kann!

Einbrecher sind wenigstens keine Ehe- und Tabubrecher.

Wirtschaft ist noch immer Gastwirtschaft:
Jeder ist Freier und Hure seines Nächsten.

Akzeptier dich so, wie du bist : inakzeptabel.

Viele Urteile verurteilen sich zu Vorvorurteilen gegen Vorurteile.

Wer jeden Augenblick tiefer erlebt, lebt am längsten.

Richtigkeit und Recht sind die Despoten der Demokratie:
Sie gelten für alle gleich zwingend.

Ein Ideal weiß nicht, wie man hinkommt,
ein Kunstwerk nicht, wozu es gut ist.

Selbst Gerechtigkeit kommt nicht zu recht ohne Selbstgerechtigkeit.

Den inneren Schweinehund überwindet nur ein äußerer.

Das Atom und der Kosmos täuschen noch übereinander hinweg.

Wie zieht man jemanden zur Verantwortung, die er trägt?

Wo mehr Schein als Sein *ist, scheint* mehr Sein als Schein.

Naturforscher sind oft geistreicher als Geisteswissenschaftler,
die nur ihrem Naturell folgen.
.
Wissen, das mehr kostet als einbringt, ist selten und heißt Bildung.

Ist dir recht, wenn mir und dir recht geschieht?

Gesellschaft besteht aus Soziopathen, der Psychopath aus Kollektiven.

Die Kultur überwuchert die Natur so wie ein Urwald die Zivilisation.

Schon für ein Pfund Äpfel nimmt man nun den Weltmarkt in Kauf.

Alle tun, was einer oder keiner will.

Stirbt man, obwohl man weder Leben noch Tod verdient hat?

Ein Kunstwerk, das zweckmäßiges Werkzeug wird,
ist mittelmäßiges Zeug

Manche gehen gern rückwärts, um eher jünger zu werden.

Verzicht. Man opfert nicht, wovon man sich nur befreit,
doch wird man frei von dem, was man opferte?

Ist Einsamkeit Gemeinsamkeit mit gemeinem Volk?

Die kosmische Ordnung ist so alt, dass jeder Augenblick chaotisch wirkt.

Auch der Rüstigste fällt durch seine schwere Rüstung.

Der Adel ward als Hofnarr der Demokraten nie enteignet.

In jedem Menschen steckt alles, was er in andere steckt.

Schwarzweißmalerei verschönt graue Theorien,
grauen Alltag und das Feldgrau(en).

Spirituelles ist nicht viel geistreicher als geistliche Spirituosen.

Nach Freud kann das Innere mehr trügen als das Äußere.

Rechte machten den Guerillero zum Gesetzesbrecher,
Linke den Rechtsbrecher zum Widerstandskämpfer.

Zwei Halbbildungen ergeben nur eine Herzensbildung.

Christus wollte alle arm sehen, damit nicht zehn alles haben
und alle anderen gar nichts.

Wer kein Schlachtvieh werden kann, muss sich melken lassen.

Demokratie ist die Freiheit, jede Meinung (ver)äußern zu dürfen
oder sich keine anhören zu müssen.

Im gesunden Körper ist der Geist eine Krankheit
wie im gesunden Menschenverstand.

Eine Stelle, die du ausfüllen kannst, kann dich nicht ausfüllen, u. u.

Für einen Schweinehund bin ich zu arm.

Wenn Bücher vom Leser mehr Opfer fordern als vom Autor,
spricht man von Literatur oder Wissenschaft.

Können ist nicht wissen, sondern Nichtwissen. Kunst tut so, als täte sie.

Wer sich Gedanken macht, denkt nicht nach und weiß noch weniger.

Wer zu weit geht, kommt nie an; wer ankommt, geht nicht weit genug.

Es gibt hier mehr Pferdestärken als Pferde, doch mehr Reiter als Ritter.

Ich kam zu spät. *Ich sah* zu. *Man siegte* sich zu Tode.

Wer alles kapiert hat, kann endlich nach allem fragen.

Ein Gehirn windet sich, wenn es nachdenken soll.

Dicke Bücher werden geschrieben für alle, die keine Bonmots verstehen.

Man ist zu schwach, Schwächen abzulegen, da sie an den Stärken kleben.

Ist der Künstler faul, sucht er Eingebungen und Musen.

Echter Charakter liegt darin, ihn zu spielen
oder den bloßen Schauspieler seiner selbst.

Technik ist eher gefährlich durch angenehm Nützliches als durch AKW.

Halt dir den Nächsten durch Liebe vom Hals!

Um dich dirigieren zu können, dien ich dir gratis.

Freiheit ist Beherrschtsein von Launen und fixen Lieblingsideen.

Folgt eine Konsequenz nicht aus der andern,
fühlen wir uns schon lebendig.

Ein großer Band kleiner Sprüche spiegelt den Riesenkosmos
winzigster Teilchen.

Erkenntnis : Behauptung, etwas gelte auch frei vom System,
in dem es gilt.

Überschätze deine Gegner, um auf deinen Sieg stolzer sein zu können.

Nur zu hohe Ideale üben keinen Zwang aus, zu niedrige keine Anziehung.

Handgreifliches lässt sich ohne Allgemeinbegriffe so wenig begreifen,
wie ein abstrakter Begriff durch konkrete Bilder erfassen.

Marx 2020 : Der Bürger hat nichts mehr zu verlieren
als seine Ladenketten.

Wer alles verbessert, bewahrt zu viel; wer es konserviert, tut zu viel.

Der Schaden, den Philosophie anrichtet, ist nützlicher
als der Nutzen, den Technologie bringt.

Wir halten zusammen — aber was?

Was Gott mal auseinandergesetzt hat,
soll der Mensch nicht unausgesetzt zusammensetzen.

Machst du die Fehler, die du hast, oder umgekehrt?

Mit Prozessorgeschwindigkeit vom Lebensziel weg auf Zielscheiben zu!

Tiefsinn bitte nur aus Hochstimmung, Höhenflug nur aus Erniedrigung!

Gemeine Worte, gemeinsame Wünsche und Werte, doch einsame Werke.

Die Wahrheit über beide steht zwischen dir und der Welt.

Dass fertige Fragen weniger fragwürdig sind als offene Antworten,
ist längst fraglich.

Der Herr toleriert den Knecht – als Knecht.

Frieden schließen heißt neuen Krieg eröffnen.

Üblen Leuten wird nie übel, und keinem schwindelt, der schwindelt.

Veränderungen selbst verändern sich – bis zum Stillstand,
Verbesserungen verbessern sich – zum Bestialischen.

Wer nichts nur politisch verändert, verändert sich nun genetisch.

Siegen heißt Wiederfinden, das Gegenteil von Verlieren.

Demokratie *erklärt* (uns) die Menschenrechte
auf soziale Ungerechtigkeit.

Man muss nur gegen das sein, wofür man nichts kann.

Das Digitale ist nicht böse, das Böse digitalisiert sich.

Weltkriege gegen Übervölkerung heißen allerorten ab jetzt Aborte.

Du wirst nur alt, um zu entdecken, dass Eltern damals Recht hatten.
Will deshalb jeder jung bleiben?

Wer A sagt, muss sich auch ein B für ein A vormachen lassen.

Sprenge deinen Horizont, um nicht lesen und reisen zu müssen!

Moderne Kommunikation leidet an Sprechblasenkrebs auf Isolierstation.

Wann werden H-Bomben nur Zünder zur Kernfusion
schwererer Elemente wie in Supernovae?

Denke, was andere nur tun, doch tu nur nicht, was sie denken!

Normalität wird von ihren eigenen Normen widerlegt.

Wer materiell so anspruchslos wäre wie intellektuell,
hätte nicht mehr Güter als Güte.

Komplexes ist so einfach wie Elementares kompliziert, fachsimpelt es.

Tollheit ersetzt Kühnheit.

Interessanter ist, wer sich nicht für uns interessiert.

Was ist der Mensch? Er ist der, der so fragt und zu viele Antworten hat.

Die Hauptrolle im Drama spielt das rollende Haupt,
das aus der Rolle fällt.

Will alles im Gedankenbau gleichzeitig stürzen, muss es einander stützen.

Am meisten kannst du dem stehlen,
den du ein bisschen bei dir stehlen lässt.

Kommt er daheim nicht zurecht, fliegt der Mensch zum Mond.

Nun will jeder so selbstbestimmt sterben, wie er nie selbstbestimmt lebte.

Bücher werden geschrieben, um mit mir oder statt mit mir zu reden.

Ein Kritiker zeigt den (an), der etwas zeigt, was sich nicht zeigt.

Reiß mir die Maske des Entlarvers runter,
und du entlarvst den Maskierer.

Vergleich verkennt Verglichenes, macht Gutes schlechter, Böses besser.

Eltern sündigen, Kinder schämen sich, Enkel verspotten beides.

Schach dem Schach. Es zeugt nicht von Intelligenz,
sie an Spiele zu verschwenden.

Befried(ig)ung. Krieg ist Frieden mit Krieg oder Krieg gegen Frieden;
Frieden ist Krieg gegen Krieg, und Frieden mit Frieden ist Tod.

Verstehen kann ich dich nur durch Worte und mich nur ohne Worte.

Wer ist auch ungewaschen sauber und bleibt auch gewaschen unrein?

Nur Bedürfnislosigkeit hat nach Kapitalismus keinen Bedarf.

Mit schlechten Vorsätzen ist der Weg zum Himmel gepflastert.

Wer alles vernichten will, stoppe nicht vorm eigenen Vernichtungswillen.

Phänomen : Lässt sich ihre Existenz verstehen statt fühlen,
wenn das Wesen einer Sache angeschaut statt begriffen wird?

Auch Genügsamkeit hat vom Kapitalismus genug.

Solange dich nicht genug Wünsche quälen, die das Kapital nicht erfüllen
kann, beherrscht es deine Arbeit dafür.

Hegels Idee war ein trockener Witz auf frühromantischen Witz.

Moral heißt, die Ironie zu ironisieren und sich von allem zu distanzieren,
auch von eigener Distanzierung von allem.

Naturforscher glauben, durch technische Anwendung ihrer Entdeckungen
schon praktisch zu handeln.

Wer Kritik und Beleidigung seiner Werte erträgt, beweist vielleicht
nicht Toleranz, sondern dass ihm für Opfer nichts heilig genug ist.

Mancher Autor bat den HErrgott, sein Nachlassverwalter zu sein.

Aphoristische *Form* ist Zuckerguss, der bitteren Pillenwirk*stoff* versüßt.

„Satire darf alles." − Ihr Opfer nicht oder nichts?

Ich sehe einen, der meinen Blick mehr sieht als mich.

Kant wandte das BGB an auf Wissen, Willen und Kunst.

Die Gesellschaft entwickelt sich, bis sie in Soziologie aufgeht
wie die Seele in Psychologie und die Natur in Physik.

Heute ist der nächste Schritt zum Besseren ein vages Fernziel
und der utopischste Fortschritt die naheliegendste Gefahr.

S M Habermas : Unbestreitbar darf es nichts Unbestreitbares mehr geben.

Nehmt mir alles ab, die Pakete, die Arbeit und meine Aussagen!

Ganzheitlich betrachtet, wird jeder nicht mehr ganz zerstückelt,
sondern synthetisch produziert und analytisch entsorgt.

Alles kann Symbol für Sex sein, doch für was ist der Sex ein Symbol?

Witz ist die Fähigkeit, Anpassung in der Auflehnung
und Aufstand im Gehorsam sehen zu lassen.

Menschen sind sterblich : *Etwas*, das Mensch ist, ist sterblich.
(Sätze sind Prädizierungen von Prädikaten, das Subjekt jedes Satzes
ist eine Leerstelle.)

Wer Motive und Folgen nicht kennt, handelt; wer sie kennt, denkt.

Das Gefühl sagt : Junge werden ewig leben, Alte haben nie gelebt.

Man verhört Mutter Natur, als wäre die Gesetzgeberin Gesetzesbrecherin.

Wirklichkeit hat nun mehr Möglichkeiten,
da sie kaum Notwendigkeit hat.

Phantasie erfindet die Vergangenheit, Verstand erklärt die Zukunft.

Keine Einsicht drückt beide Augen zu.

Der Ewige wurde oft gedeutet und geändert,
um sich nicht von Ihm ändern und interpretieren zu lassen.

Schließ einem Christen die Augen, und du öffnest sie ihm.

Human(istisch) ist, dass der Mensch sich nicht ändern will und lässt.

Philosophie macht zum Gegenstand, dass und warum Ihr Ursprung
und ihre Vollendung nicht zu ihrem Gegenstand werden kann.

Herrscht eher organisiertes Chaos oder anarchistische Sphärenharmonie?

Systeme und ihre Kritiker leben voneinander zu gut,
Aphoristiker und ihre Leser zu schlecht.

Man denkt nach – anderen.

Du bewegst dich in der Zeit, die in dir stoppt,
und stehst im Raum, der dich durchrast.

CT. Man will liberal sein und leugnet den freien Willen.

Um sich zu verewigen, brauchen Macht und Kunst einander nicht mehr.

Zahn der Zeit : Gewissheitsbiss mit Gewissensgebiss.

Neue Kunst zeigt nicht Unendliches im Endlichen,
sondern Enthemmung im Beschränkten.

Kultur verhält sich zu Zivilisation wie Buch zu Buchung.

Der Kopf leert sich durch Denken, das Mitarbeiter spart.

Helot & Zelot. Nicht jede Gegengewalt heißt Vernunft.

Zu wissen, was uns mit Tieren verbindet, verbindet uns nicht mit ihnen.
Vom Affen unterscheidet uns Wissen, wie wenig er sich unterscheidet.

Kommunikation verhält sich zum Handeln wie Schauspieler zum Helden.

Mit dem Strom schwimmt nur Totes – auch wild bewegtes.

Sind alle dagegen, ist etwas dran; sind alle dafür, ist etwas faul dran.

Bleibt man Einstein ferner als dieser dem Weltall?

Öffentliches Leben lebt vom Unveröffentlichten
und Privatsphäre vom offenen Disput.

Körperlich fit und gesund bleibt man für spätere Geisteskrankheiten.

Sind Romanleser Weinleser im *Buch der Natur*?

Geschichte : Von Kundschaftern des Handelns
zur Kundschaft des Handels.

Ich rate dir, verrate mir keine Lösungen, sondern Rätsel,
und rate deinen besten Lösungen, rätselhaft zu bleiben.

Dass ich nicht käuflich bin, ist teuer erkauft.

Ich verstehe keinen, der sich versteht, und jeden, der mich missversteht.

Sind wir so schwach gegen unsere Schwächen,
damit unsere Stärken nicht gleich mitgehen?

Unbegreiflich, dass manches verständlich ist, aber durchschaut bitte,
warum und wozu vieles undurchsichtig bleibt!

Ist das expandierende All seinen vielen Elementarteilchen gewachsen
oder umgekehrt?

Tut mein Gutestun mir zu gut, um gut zu sein?

Reiß den großen Zusammenhang aus jedem unabhängigen Individuum!

Man hofft immer, auf bloße Hoffnung verzichten zu können.

Wahrheit ist ein Tyrann ohne Truppen,
Wirklichkeit ein Heer ohne Führer.

Leben : Banalstes produziert und verleugnet Originellstes.

Novellen : Ein Gesetz bricht das nächste wie das vorige.

Gott sitzt so wenig im Himmel wie Satan im Atom.

Sklavenhalter wurden Sklavenunterhalter,
die sich damit amüsieren, sie zu amüsieren.

Wirkungen sind nicht Ziele und Zwecke ihrer Ursachen und Motive.

Wissenschaftliche Leidenschaftslosigkeit macht leidenschaftlich Karriere.

Anführer führen an der Nase herum, die ihnen gedreht wird.

Dialektik heißt, dass (Selbst-)Behauptungen Enthauptungen sind.

Logik ist die Kunst, schwere Dinge wie luftige Ideen zu behandeln u. u.

Welchem Kopf entstammt die Idee von einer Idee,
die keinem entstammt?

Es gibt klare Dinge. Von einem zum andern wird es dazwischen unsicher.

Man bedauert andauernd, dass so viele Dauer uns überdauert.

Tiefes Denken ist uns zu hoch, Oberflächlichkeit zu niedrig.

Die Unterschicht sucht keine Tiefe, der niedrigste Drang nach Höherem
sucht Aufstiegschancen und ist oberflächlicher Drang nach Tiefsinn.

Homo humilis, zieh das große Arbeitslos oder bleib bloß arbeitslos!

Feigheit : Mut zur offenen Furcht.

Geschwind verschwindet am schnellsten.

Redoute Kultur : Elfenbeinturm zu Babel.

Evolution : Stammt der Mensch ab vom Teufel,
der den Ewigen nachäffte?

Ein Lebensweg hat dich auf sich gehen lassen.

Die Welt enthält deinen Kopf, der sie enthält;
mein Kopf enthält eine Welt, die ihn nicht enthält.

Beerdigung : Sternenstaub zu Sternenstaub!

Dunkel ist Licht, das kein Ding trifft.

Wallfahrer : Kirchennomaden.

Freiheit flieht Erfahrung, und was du schneller umkreist, flieht dich.

Religion ist, dass das große Ganze ganz klein und das All nicht alles ist.

∞ : Wie kommt man endlich vom Endlosen zum Unendlichen?

Auch Selbstzucht kann Selbstsucht sein.

Warum ist so viel Bewusstsein Pessimist, wo so viel Sein Optimist ist?

Ist deine höhere Bestimmung der tiefere Sinn
meines oder deines Lebens?

Moral 2000 : Sei unzufrieden mit deiner Zufriedenheit,
doch nie zufrieden mit dieser Unzufriedenheit.

Wer glücklich war, ist zufrieden,
doch nur Unzufriedene können glücklich werden.

Fernseher : Kultureller Sozialhilfeempfänger.

Nur tiefe Depressionen beweisen, dass du hohe Ideale hattest und hast.

Muße, die nicht anstrengt, ödet an, und Arbeit, die anödet, überanstrengt.

Denkt der Philosoph mal nach, wenn er mal nicht philosophiert?

Massenkommunikationsmittel isolieren massiv, Einsamkeit verbindet.

Massen sind dümmer als Menschen und Gemeinschaften gemeiner.

Wer immer der Dumme ist, wurde klug verdummt.

Bilder bilden nicht, und Bildung macht frei von Weltbildern.

Gibt es Bewusstseinserweiterung durch Befreiung von Bildungsmüll?

Bildung ist Einbildung, was nicht zur Aus- und Herzensbildung gehört.

Theorie : höchste Form der Praxis;
Handeln : niedrigste Form des Denkens.

Kann ich mir den Kopf zerbrechen über meine Kopflosigkeit?

Macht es glücklicher, Pech zu sehen, das fremdes Glück voraussetzt,
oder Glück zu sehen, das fremdes Elend voraussetzt?

Man hat das Glück, dass man sein Glück nicht machen kann und muss.

Wo Leid zu Neid kommt, werden Empörer zu Emporkömmlingen.

Freiheit : Wahlmöglichkeit zwischen beliebigen Sklavereiformen.

Zeitloser Geist in geistloser Zeit treibt nur noch reine Mathematik.

Werte werden wertlos und preiswert, wo sie gleichwertig sind.

Muße macht Mühe, die Freude macht;
Freizeit macht Spaß, der (bl)öde macht.

Alles kann sich nur noch legitimieren durch Legitimationsbedürftiges.

Reisen verändern die Welt, bis sie sich nicht mehr lohnen.

Wer nichts realisiert, verwirklicht sich selbst.

Heiße Eisen anzupacken, gehört schon zum alten Eisen.

Kleinkram passt vieles in den Kopf, Großes nur weniges.

Traumdunkle Jugend will Aufklärung, desillusioniertes Alter Geheimnis.

Man täte mehr Gutes, wäre es schwerer und verboten.

Wer kein Fachidiot ist, ist oft einfach ein Idiot.

Wer Kinder aufklärt, woher sie kommen,
sagt ihnen lieber, wohin sie gehen sollen.

Wer nicht lebt, kommt besser durchs Leben.

Liebe heißt : Ich mach und mag dich leiden.

Eine Welt, die jeder sich selbst herstellt, kann ihn nicht mehr widerlegen.

Leben ist hierzulande der Weg vom Nichtdichter zum Nichtdenker.

Er fand den kleinen Unterschied immer größer als sie.

Wer nicht fragen kann, erhält zu viele Antworten.

In die Tiefe steigt, wer in einem Himmel wurzelt.

Wollte der Ewige mit Urknall und Evolution,
dass man glaube, auch ohne Ihn zu können?

Trägheit tritt auf der Arbeitsstelle technischen Fortschritts,
Höchstgeschwindigkeit hat nicht das *Licht der Vernunft*.

Wie man´s *nicht* macht, ist es auch nicht richtig.

Nichts folgt auf den Ewigen – der aus nichts folgt.

Der Leib spielt das Skelett einer Seele.

Die Hölle liegt über der Höhe, der Himmel unter der Tiefe.

Gemeinsamkeit ohne Einsamkeit macht gemein.

Zum Glück habe ich keins und bin unterglücklich.

Mancher fühlt sich als Individualist, der nur alternative Kollektive wählt.

Wir steigen, wo wir uns versenken in unser Versinken.

Was du dir ausdenkst, denkst du ins Aus.

Gute Leute preisen liberalen Egoismus, Egoisten lieber Sozialismus.

Selbstlos helfen hieß mal selbstbestimmt leben.

Wahrheit wirkt als Illusion,
ihr durch Desillusionierungen nahe genug zu kommen.

Der Ewige schreibt Weltgeschichte als Biographie der Menschheit.

Wird die Sprache transparent für die Sache oder die Welt für das Wort,
und ist Transparenz selbst eine durchsichtige Sache?

Man verpönt Systeme, weil sie Bruchstücke des Unendlichen sind,
und beschränkt sich systematisch auf überfragmentiertes Denken.

Quanten: Der kleinste Zuschauer beeinflusst auch das winzigste Spiel.

Die Wahrheit liegt nur in (der Nähe) der Mitte,
um die sie oder die um sie herumeiert.

Sitzt der Besetzer wie Besatzer bombenfest auf dem, was er besitzt?

Die Bibel verhält sich zur Menschenrechtserklärung
wie ein guter Tipp zur Utopie.

Wie gut siehst du, wie schlecht du siehst?

Es zählte immer zur Realität, unwirklich, und zur Fiktion, real zu wirken.

Dein „Geschick" schwankt zwischen Schicksal und Geschicklichkeit.

Gesellschaft ist Gemeinschaft mit beschränkter Blut- und Bodenhaftung.

Wem ist es erlaubt, dir etwas zu erlauben,
und muss ich tolerieren, dass ich etwas tolerieren soll?

Gegenwart ist kein erster Augenblick der Zukunft mehr,
sondern Gleichzeitigkeit aller toten Traditionen.

Ein Aphorismus ist ein ganzes Streitgespräch
in *einem* Schlusssatz ins Freie.